Pequena filosofia da manhã

365 pensamentos positivos para
ser feliz todos os dias

Catherine Rambert

Pequena filosofia da manhã

365 pensamentos positivos para ser feliz todos os dias

Tradução de Julia da Rosa Simões

L&PM EDITORES

Texto de acordo com a nova ortografia
Título original: *Petite philosophie du matin: 365 pensées positives pour être heureux tous les jours*

Capa: Ivan Pinheiro Machado. *Ilustração*: © Subbotina Anna / Shutterstock
Tradução: Julia da Rosa Simões
Preparação: Jó Saldanha
Revisão: Marianne Scholze

CIP-Brasil. Catalogação na publicação
Sindicato Nacional dos Editores de Livros, RJ

R137p

Rambert, Catherine
 Pequena filosofia da manhã: 365 pensamentos positivos para ser feliz todos os dias / Catherine Rambert ; tradução Julia da Rosa Simões. – 1. ed. – Porto Alegre, RS: L&PM, 2015.
 400 p. ; 21 cm.

 Tradução de: *Petite philosophie du matin: 365 pensées positives pour être heureux tous les jours*
 ISBN 978.85.254.3170-7

 1. Técnicas de autoajuda. 2. Reflexão (Filosofia). I. Título.

14-15855
CDD: 158.1
CDU: 159.947

© Edition°1, 2001

Todos os direitos desta edição reservados a L&PM Editores
Rua Comendador Coruja, 314, loja 9 – Floresta – 90.220-180
Porto Alegre – RS – Brasil / Fone: 51.3225.5777 – Fax: 51.3221.5380

Pedidos & Depto. comercial: vendas@lpm.com.br
Fale conosco: info@lpm.com.br
www.lpm.com.br

Impresso no Brasil
Verão de 2015

*Para minha mãe,
claro.*

Prefácio

Como não sair do sério com um simples sim ou não?

Como criar um ambiente sereno a seu redor e evitar repetir sempre os mesmos erros?

Como alcançar seus objetivos infalivelmente?

Como ser mais calmo, mais equilibrado e, portanto, mais feliz na vida cotidiana?

Difícil encontrar o caminho para a felicidade e para a serenidade em meio a tantas investidas do estresse, do barulho, da velocidade, da multidão...

Pequena filosofia da manhã propõe reflexões, pensamentos, pequenas frases para serem meditadas e estratégias a serem adotadas no dia a dia para encontrarmos dentro de nós mesmos os recursos e as habilidades necessárias para alcançarmos uma vida mais calma, mais feliz e, principalmente, menos dependente das circunstâncias externas. Como? Aprendendo a discernir o essencial do acessório, o útil do fútil, e privilegiando em todos os momentos aquilo que julgamos importante para nós e para os nossos.

Pequena filosofia da manhã

Não há melhor momento do que a manhã, quando o dia ainda é uma página em branco, para fazer boas resoluções e decidir que aquele será – apesar de tudo – um bom dia. A aurora, com a calma e o silêncio que a acompanham, é um espaço de tempo em suspenso, entre parênteses, propício ao pensamento, à tomada de consciência e... à "pequena filosofia". É o período ideal para reconectar-se consigo mesmo e, aspirando o aroma de uma xícara de café ou de chá, pensar em como serão as horas seguintes. É também um desses instantes privilegiados em que o tempo é todo nosso, em que nada vem importunar nossas reflexões: cabe a nós transformá-lo num momento rico e eficaz. E nos convencermos de que o dia que temos pela frente está em nossas mãos e será aquilo que fizermos dele.

Aproveitando a manhã para "entrarmos em contato" com nós mesmos, aprendemos a ser mais calmos, a modificar nossos comportamentos e reflexões. Nenhuma vitória é possível sem uma tomada de consciência e sem uma mudança interna. Quando "desapegamos", descobrimos que existe felicidade na realização de cada pequena tarefa do cotidiano.

Pequena filosofia da manhã também dá conselhos preciosos para aprendermos a aproveitar as oportunidades, a relaxar, a ter autocontrole, a evitar a repetição dos mesmos erros... e convida a levarmos uma vida mais equilibrada e descontraída.

A maior parte dos pensamentos ou estratégias de vida aqui reunidos é simples, evidente, fácil de

Prefácio

aplicar ao cotidiano. Alguns desenvolvem ideias similares ou parecidas, simplesmente porque às vezes é útil repetir – e repetir-se! – as mesmas coisas de maneiras diferentes.

Cabe a cada um colocar em prática essas reflexões livremente adaptadas das filosofias antigas (gregas e chinesas) e buscar uma vida mais serena e mais feliz para si e para os seus.

Pensamento da 1ª manhã
1º de janeiro

Mudar...

Podemos mudar nossas vidas mudando de atitude.

Pensamento da 2ª manhã
2 de janeiro

Alegrias

A felicidade consiste em apreciar, prolongar e saber renovar as alegrias da vida.

Pensamento da 3ª manhã
3 de janeiro

Chegar...

Somente uma pessoa é capaz de nos impedir de chegar aonde queremos. Nós mesmos.

Pensamento da 4ª manhã
4 de janeiro

Votos

O início do ano é a época ideal para restabelecer contatos, buscar notícias sobre pessoas queridas e enviar mensagens de amor.

Pensamento da 5ª manhã
5 de janeiro

Renovação

As manhãs do início do ano são propícias para a tomada de decisões e para o começo de renovações. Mudemos.

Pensamento da 6ª manhã
6 de janeiro

Não lamentar o passado

O que passou não pode ser mudado. É preciso aceitar isso de uma vez por todas e cessar de lamentar o que não aconteceu.

Pensamento da 7ª manhã
7 de janeiro

Ninharias

Muitas de nossas preocupações são causadas por ninharias que se resolvem tão rapidamente quanto se manifestaram: desordem na casa, engarrafamentos, atrasos, contas a pagar, tensões passageiras... Aceitemos esses acidentes de percurso com desapego, como parte integrante da vida. Depois disso, será possível sorrir.

Pensamento da 8ª manhã
8 de janeiro

Fazer feliz

Fazer os outros felizes nos proporciona uma imensa felicidade, apesar de nossas próprias inquietações.

Pensamento da 9ª manhã
9 de janeiro

O verniz da aparência

O verniz da aparência não resiste ao desgaste do tempo. Da mesma forma, nunca enganamos os outros a nosso respeito por muito tempo.

Pensamento da 10ª manhã
10 de janeiro

Pequenas coisas

É da atenção que colocamos nas pequenas coisas que depende a plenitude de nossa vida.

Pensamento da 11ª manhã
11 de janeiro

Sorriso

Sorrir. Mesmo sem razão. E observar como a atitude dos outros muda em relação a nós. Não há nada mais desarmante do que um sorriso.

Pensamento da 12ª manhã
12 de janeiro

Desobstruir a mente

Planejar o dia e organizar as prioridades permite liberar a mente. Desobstruída, ela se mostra mais penetrante, mais criativa. Torna-se possível refletir com mais serenidade e avançar na direção certa.

Pensamento da 13ª manhã
13 de janeiro

Progressão

Não mirar alto demais, nem rápido demais. Corre-se o risco de errar o alvo e sofrer uma decepção. Melhor proceder por etapas e ter objetivos progressivos. Pois cada pequena vitória prepara a vitória maior.

Pensamento da 14ª manhã
14 de janeiro

No sentido de seus objetivos

Diante de um dilema, evitar reagir no calor do momento. Tomar distância para visualizar as consequências de suas decisões. E, mesmo que seja difícil, escolher sempre a opção que vai no sentido de seus objetivos.

Pensamento da 15ª manhã
15 de janeiro

Pequenas derrotas

Nunca desencorajar-se. E lembrar que as pequenas derrotas podem um dia conduzir a uma grande vitória.

Pensamento da 16ª manhã
16 de janeiro

Direção

A visão que temos de nossa própria vida é determinante para sua plenitude. Nossos atos devem estar em conformidade com a imagem que temos de nós mesmos. Devemos antecipar, pensar e agir para nos tornarmos o que ainda não somos e devemos recomeçar, dia após dia, com constância e determinação. Devemos escolher a direção que acreditamos ser boa para nós e nos mantermos nela.

Pensamento da 17ª manhã
17 de janeiro

Efêmera...

A vida é frágil, fugaz, às vezes tão difícil. Por que ser rígido e fechado se é tão simples dizer uma palavra bondosa e gentil?

Pensamento da 18ª manhã
18 de janeiro

Autoconfiança

Ter confiança em si mesmo permite ter confiança nos outros.

Pensamento da 19ª manhã
19 de janeiro

Sensação de fracasso

Fracassar não é grave; mais grave é não tentar.

Pensamento da 20ª manhã
20 de janeiro

Líder

Um líder carismático é alguém que consegue obter dos outros o que eles não tinham vontade de fazer, sem obrigá-los a tanto.

Pensamento da 21ª manhã
21 de janeiro

Governar a própria vida

Não deixar os outros decidirem em nosso lugar. Lembrar que nossa vida nos pertence e que somos os únicos a viver as consequências de nossas ações.

Pensamento da 22ª manhã
22 de janeiro

Colocar no papel

Quando nos sentimos desorientados, desestabilizados e cheios de dúvida, colocar no papel o que queremos, e principalmente o que não queremos, nos permite recuperar a confiança e nos situar no universo.

Pensamento da 23ª manhã
23 de janeiro

Obra de arte

Por que não tentar fazer de sua vida uma obra de arte?

Pensamento da 24ª manhã
24 de janeiro

Integridade

A constância, a coragem, a fidelidade e a calma são formas preciosas de integridade moral.

Pensamento da 25ª manhã
25 de janeiro

O amor dos outros

O amor dos outros nunca nos é inerente. Devemos fazer de tudo para merecê-lo, preservá-lo e alimentá-lo.

Pensamento da 26ª manhã
26 de janeiro

Um dia de vida

Se descobríssemos que nos resta um único dia de vida, o que já nos pareceu catastrófico de repente se torna muito relativo.

Pensamento da 27ª manhã
27 de janeiro

Tirar proveito de um vazio

Temos o direito de desanimar, de baixar os braços num momento de cansaço ou fadiga. Desde que esse estado não seja duradouro. Sentir um vazio pode servir para recarregar as energias. Podemos desanimar. Mas não renunciar.

Pensamento da 28ª manhã
28 de janeiro

Acreditar em si

Se não tivermos autoconfiança, nada de grandioso será possível. Nosso primeiro dever cotidiano é acreditarmos em nós mesmos e sermos audaciosos.

Pensamento da 29ª manhã
29 de janeiro

Abrir as janelas

No verão, abrir as janelas pela manhã para acolher o novo dia e a luz de braços abertos é um gesto positivo e cheio de promessas.

Pensamento da 30ª manhã
30 de janeiro

Milagre

Quando amamos e somos amados, devemos agradecer todos os dias à Providência, que permitiu esse milagre.

Pensamento da 31ª manhã
31 de janeiro

Aprender com os fracassos

Após um fracasso, convém dele tirar uma lição. Por que não consegui? O que está errado em meu comportamento? O que posso fazer para remediá-lo? Estou agindo corretamente? Perguntas necessárias para progredirmos internamente. Se não fizermos essa introspecção, corremos o risco de repetir os mesmos erros e de nos debatermos eternamente com os mesmos problemas.

O fim do mês sempre é propício para um pequeno balanço pessoal.

Pensamento da 32ª manhã
1º de fevereiro

Ser paciente com os outros

Aprender a ser paciente com os que nos cercam. Não irritar-se por causa de um sim ou de um não. Eles não são responsáveis por nosso cansaço ou por nosso estresse.

Pensamento da 33ª manhã
2 de fevereiro

Perda de lucidez?

Raiva, acessos de mau humor, pensamento negativo, tristeza passageira... As variações de nosso estado emocional são perdas de lucidez pontuais que alteram nossa capacidade de análise e escuta. Apesar de nem sempre ser possível controlar essas fases de "depressão", é preciso tentar identificá-las e evitar tomar, nesses momentos, decisões de que possamos nos arrepender depois. Melhor esperar estar em melhor estado para agir...

Pensamento da 34ª manhã
3 de fevereiro

Culpa de quem?

Não recriminemos os outros por nossos próprios fracassos. Somos os principais responsáveis por aquilo que nos acontece. E são nossas escolhas, nossas atitudes, nossos comportamentos que devemos colocar em questão. Mesmo quando pensamos ter fracassado por culpa de outra pessoa, primeiro devemos culpar a nós mesmos por nossos erros de discernimento e pela confiança dada à pessoa errada.

Pensamento da 35ª manhã
4 de fevereiro

Alicerces

Quando os alicerces não são sólidos, a casa sempre sairá torta.

Pensamento da 36ª manhã
5 de fevereiro

Valorizar

Elogiar, valorizar e tranquilizar aqueles que nos cercam é um ato de generosidade pelo qual eles nos reconhecerão e poderão retribuir.

Pensamento da 37ª manhã
6 de fevereiro

Compartilhar o sofrimento

O sofrimento compartilhado é metade da dor, mas a felicidade compartilhada é alegria em dobro.

Pensamento da 38ª manhã
7 de fevereiro

Riqueza

Para nos sentirmos ricos, todas as manhãs devemos contar as coisas que possuímos e que o dinheiro não pode comprar.

Pensamento da 39ª manhã
8 de fevereiro

Mais confiança...

Nas trocas humanas, confiar no outro é indispensável para a construção de uma relação saudável e serena.

Pensamento da 40ª manhã
9 de fevereiro

Merecer a confiança

Para merecer a confiança do outro, é preciso ser digno dela: respeitar a palavra dada, agir em conformidade com o que é dito, manter uma promessa, respeitar um prazo, honrar um compromisso... Às vezes, levamos anos para confiar total e plenamente em alguém. E alguns segundos podem ser suficientes para colocar a perder esse bem precioso.

Pensamento da 41ª manhã
10 de fevereiro

Diferentes

Admitir de uma vez por todas que os outros são diferentes. Cada um age em função de seu caráter, de sua sensibilidade e de suas ideias. Bem ou mal, quem pode dizer? Todos nós temos defeitos e fraquezas, mas cada um carrega riquezas dentro de si e o potencial de amar. É preciso saber alimentar-se dessa diversidade em vez de se irritar com ela.

Pensamento da 42ª manhã
11 de fevereiro

Expressar o que se sente

Quando somos atingidos por uma palavra ou um gesto impróprios, é importante dizê-lo calmamente e manifestar nossa verdade ou nossa sensibilidade. A sabedoria diz que não devemos reagir no calor do momento, mas nem por isso devemos nos demorar, para não aumentar o mal-estar.

Pensamento da 43ª manhã
12 de fevereiro

Indulgência com os outros

Se julgássemos nossos atos com tanta severidade quanto julgamos os dos outros, é provável que nos considerássemos abomináveis.

Pensamento da 44ª manhã
13 de fevereiro

A família

Não esquecer que a família, com seus defeitos e seu passado, é essencial para o nosso equilíbrio, mesmo que esteja distante. Ela é nosso berço, nossas raízes que nos permitem crescer.

Pensamento da 45ª manhã
14 de fevereiro

Colheitas

Para receber, é preciso dar.
Para ser amado, é preciso amar.
Para ser acolhido, é preciso acolher.
Para ser ouvido, é preciso ouvir.
Para estar rodeado, é preciso ser aberto e generoso.
Para ser compreendido, é preciso ser tolerante.
Para viver num ambiente sereno, é preciso ser calmo e relaxado...
Assim é a vida. Cada um colhe o que semeia.

Pensamento da 46ª manhã
15 de fevereiro

Procurar em si

Nossas relações com os outros são o reflexo de nossos conflitos ou de nossas contradições internas. Por isso, sempre é útil procurar em si mesmo a verdadeira origem de uma raiva ou de um conflito.

Pensamento da 47ª manhã
16 de fevereiro

Os mais simples

Não devemos olhar com desdém para os mais simples, para os mais jovens ou para os menos cultos do que nós. Cada um, em função de seu passado, de sua história, de suas dores, forjou para si uma filosofia. Por que ela seria inferior à nossa? O bom senso e o amor estão em toda parte. Toda pessoa pode nos ensinar algo e nos enriquecer quando sabemos ouvi-la.

Pensamento da 48ª manhã
17 de fevereiro

Atenção

Estar sempre atento e aberto. Às vezes, uma simples frase, com sua luminosa evidência, pode nos revelar a nós mesmos e mudar completamente o curso de nossa vida.

Pensamento da 49ª manhã
18 de fevereiro

O exemplo

As palavras sempre têm menos valor que as ações. De que serve discorrer sobre a generosidade quando não somos capazes de ajudar um amigo em dificuldade? Ou preconizar a disciplina quando somos negligentes com nós mesmos? É sempre por meio de seus atos que julgamos um homem. Pois eles têm o valor do exemplo.

Pensamento da 50ª manhã
19 de fevereiro

Um pouco de cada vez

Quando estamos atrasados em relação ao que planejamos, devemos evitar a lamentação e o desânimo diante da lista a ser cumprida. Em vez de vê-la como uma montanha intransponível, fazer uma tarefa de cada vez, sem pensar na próxima. E meditar na seguinte frase da sabedoria popular: "O que está feito, pelo menos, não está por fazer". Depois de algum tempo, nos surpreendemos com tudo o que conseguimos fazer.

Pensamento da 51ª manhã
20 de fevereiro

Não recusar um esforço

Antes de esquivar-se de uma obrigação, perguntar-se o benefício que teríamos a médio prazo se nos obrigássemos a cumprir o que naquele momento nos parece custoso. Muitas vezes, um esforço mínimo produz muitos benefícios.

Pensamento da 52ª manhã
21 de fevereiro

Não ceder à inveja

A inveja é uma verdadeira calamidade. Ela nos impede de apreciar nossa própria felicidade e de compartilhar da dos outros.

Pensamento da 53ª manhã
22 de fevereiro

Pedir perdão

Não se deixar guiar pelo orgulho. Desculpar-se e pedir perdão nunca matou ninguém.

Pensamento da 54ª manhã
23 de fevereiro

A importância de um problema

Quando decidimos dar pouca importância a um problema, ele se aplaca sozinho.

Pensamento da 55ª manhã
24 de fevereiro

Momentos em comum

Oferecer tempo e momentos em comum a seus íntimos. Eles ficarão gravados em suas memórias muito mais do que qualquer presente material.

Pensamento da 56ª manhã
25 de fevereiro

Herói

Ser, o máximo possível, o ator principal de sua própria vida. E, se possível, o herói.

Pensamento da 57ª manhã
26 de fevereiro

Prejudicar os outros é causar prejuízo a si mesmo

A vingança, os golpes baixos, o rancor, a maledicência e a hipocrisia, inclusive para com aqueles que nos feriram, são atos e sentimentos degradantes e aviltantes. Tentando prejudicar os outros, causamos prejuízo a nós mesmos.

Pensamento da 58ª manhã
27 de fevereiro

Lembranças...

Não saturar a mente com lembranças ruins ou pensamentos negativos. Substituí-los pela lembrança de bons momentos, que nos fizeram felizes, e revivê-los dentro de nós...

Pensamento da 59ª manhã
28 de fevereiro

Moderar a importância das recordações

Podemos guardar objetos, fotografias, comemorar, celebrar... mas o único lugar adequado para aqueles que não estão mais aqui é dentro de nossos corações.

Pensamento da 60ª manhã
1º de março

Contente

Abrir as janelas, ver o tempo bom lá fora e alegrar-se.

Um novo mês acaba de começar.

Pensamento da 61ª manhã
2 de março

Agir sem expectativas

Por que sempre na expectativa? Agir aqui, agora, imediatamente. E construir seu futuro.

Pensamento da 62ª manhã
3 de março

Homenagem

A mais bela homenagem que podemos prestar aos mortos é sermos felizes sem eles.

Pensamento da 63ª manhã
4 de março

Não demorar

Ter em mente que nosso tempo é contado e que não devemos demorar para realizar o que é importante para nós.

Pensamento da 64ª manhã
5 de março

Tarde demais

Quando acontece uma desgraça, é tarde demais para apreciarmos a felicidade de que gozávamos antes.

Pensamento da 65ª manhã
6 de março

Precaução

Quando agimos com precaução e comedimento, nos poupamos de decepções e adversidades.

Pensamento da 66ª manhã
7 de março

O jugo do dinheiro

Evitar despesas excessivas, dinheiro jogado pela janela, saques sem fundos, créditos... Eles são uma espiral sem fim. A dependência excessiva do dinheiro é uma alienação e uma fonte de angústia. Restringindo nossas necessidades, nos libertamos.

Viver com mais humildade é viver mais livre.

Pensamento da 67ª manhã
8 de março

Vitória

Ter dinheiro é formidável. Poder ficar sem ele, sem amargura: eis a verdadeira vitória.

Pensamento da 68ª manhã
9 de março

Vice-versa?

Uma pessoa que nos ama sem dinheiro nos amará quando formos mais ricos. E o inverso, também será verdade?

Pensamento da 69ª manhã
10 de março

Libertar-se dos medos

É preciso expressar dúvidas, angústias, fraquezas. Expressar é expulsar. As palavras funcionam como um distanciamento. Não guardar medos dentro de si é começar a libertar-se deles.

Pensamento da 70ª manhã
11 de março

Amanhã será outro dia

Se ontem não foi tão bom como queríamos, se contratempos e dificuldades vieram opor-se a nossos planos ou ocasionaram atrasos, se provocaram brigas com os amigos... Devemos dizer a nós mesmos que hoje teremos outra chance, uma nova página se inicia e será, se quisermos, melhor do que a anterior.

Pensamento da 71ª manhã
12 de março

A arte da felicidade

E se parássemos de contar, quantificar, avaliar, medir, comparar...? A arte da felicidade não consiste em contabilizar, mas em limitar seus desejos pelas coisas deste mundo e sentir-se bem.

Pensamento da 72ª manhã
13 de março

Esperar

Lembrar que, em certas situações, às vezes "urge esperar".

Pensamento da 73ª manhã
14 de março

Ó tempo!

Perder tempo não necessariamente é uma perda de tempo.

Pensamento da 74ª manhã
15 de março

Primeiro cigarro

Retardar a hora do primeiro cigarro do dia é uma vitória sobre si mesmo. Esperando fumar menos... para não fumar mais.

Pensamento da 75ª manhã
16 de março

Harmonia

Perguntar-se: minha maneira de viver no dia a dia está em harmonia com o que realmente desejo fazer de minha vida?

Pensamento da 76ª manhã
17 de março

Meditação

A meditação, o silêncio e o recolhimento permitem que tomemos consciência de nós mesmos, que vivamos mais harmoniosamente e que sejamos mais calmos.

Pensamento da 77ª manhã
18 de março

Controlar seu humor

Nosso humor matinal determina nossa maneira de ver o mundo. E não o contrário. Se dormimos bem e acordamos em forma, nossa tendência é ver soluções para todos os problemas que se apresentam. Num dia desfavorável, a mesma dificuldade nos parecerá intransponível e nossa vida, uma sucessão de obrigações. Em várias circunstâncias, o que muda não é o ambiente, mas o olhar com que o consideramos.

Pensamento da 78ª manhã
19 de março

Defeito ou trunfo

Aceitar com tranquilidade o fato de não ser perfeito. Em certos casos, aliás, um defeito pode se tornar um trunfo.

Pensamentos
para o outono

Conto para fazer o outono sorrir
Dois homens na tempestade

Numa manhã de outono, um pescador e seu filho foram ao mar puxar suas redes. O tempo estava calmo, mas à medida que a manhã passava um vento forte se ergueu, obrigando os dois homens a voltar à praia. No tumulto das ondas, o motor parou, obrigando-os a pegar os remos para tentar avançar. O barco progredia a custo. Diante das ondas que aumentavam, o filho se preocupou, mas o pai manteve-se calmo e silencioso. Um pouco depois, o filho se agitou novamente:

– Pai, o vento está aumentando! Nossos remos não estão servindo para muita coisa.

– ...

De repente, o jovem avistou uma embarcação ao longe.

– Pai, aquela embarcação está vindo na nossa direção.

O pai olhou para o horizonte e manteve-se em silêncio, continuando a remar.

Pequena filosofia da manhã

Em meio às ondas revoltas, a embarcação continuava se aproximando.

– Pai – gritou o filho –, acho que esse barco vai nos atingir. Está vindo reto na nossa direção!

– ...

– Pai, a embarcação vai nos atingir com seu esporão. A pessoa que segura o leme parece querer nos afundar. Finge não estar olhando para cá.

Depois, levantando-se no barco, o jovem começou a fazer grandes gestos.

– O marinheiro está deitado tranquilamente! Sua inconsciência vai nos matar. Assassino! Criminoso! – gritou.

– ...

As duas embarcações se aproximaram, mas, logo antes do impacto, o pai fez uma manobra certeira e evitou a colisão. Os dois barcos, ilesos, continuaram seus caminhos.

– Você viu o que havia naquele barco? – perguntou o pai ao filho.

– Sim – este respondeu. – O que eu pensava ser um homem adormecido era um saco abandonado no convés.

– Diga, meu filho, com *quem* você estava brigando?

Pensamento da 79ª manhã
20 de março

Uma briga boa é aquela que cessa

Pode ser bom brigar, mas também é bom saber colocar um fim a uma disputa antes que ela se torne destrutiva.

Pensamento da 80ª manhã
21 de março

Aceitar as coisas como elas são

A busca pela perfeição é uma jornada exaustiva, estressante. Aceitar desistir. As coisas não estão tão mal, e muitas vezes estão melhores do que pensamos.

Pensamento da 81ª manhã
22 de março

Quem?

Quem além de nós mesmos pode decidir o que é bom ou ruim para nós?

Pensamento da 82ª manhã
23 de março

Determinar suas prioridades

Ao acordar, convém questionar-se a respeito de suas prioridades, escolher uma e fazer dela "a" prioridade do dia.

Determinar a de hoje.

Pensamento da 83ª manhã
24 de março

Dever

Nosso único dever é sermos positivos e decidirmos que hoje será um bom dia.

Pensamento da 84ª manhã
25 de março

Três perguntas essenciais

Toda pessoa que aspire à felicidade deveria fazer-se três perguntas:
– Qual o meu objetivo?
– O que devo fazer para chegar a ele?
– Isso me fará mais feliz?

Pensamento da 85ª manhã
26 de março

As cores do outono

O outono é a estação das mudanças de cores. Observar o espetáculo da natureza em vez de lamentar-se sobre o fim do verão e sobre os dias que ficam mais curtos. Caminhar no bosque ou no parque, juntar folhas secas, divertir-se identificando as árvores, pendurar nos galhos comida para os pássaros ou esquilos. Cada estação tem seus encantos. Cabe a nós apreciá-los.

Pensamento da 86ª manhã
27 de março

Página em branco

Cada dia que começa é uma página em branco. Um período de tempo que ainda não foi vivido. Podemos fazer o que quisermos. A decisão de ter um bom dia só depende de nós, apesar das pressões e obrigações.

Pensamento da 87ª manhã
28 de março

Lição

De cada acontecimento da vida é possível tirar uma lição de felicidade.

Pensamento da 88ª manhã
29 de março

Mudar

Somos os únicos a poder mudar o curso de nossas vidas.

Pensamento da 89ª manhã
30 de março

O campo ao acordar

No outono, observar uma paisagem campestre, ao amanhecer, quando tudo ainda está calmo. Impregnar-se do espetáculo da natureza que acorda lentamente: a luz suave do primeiro raio de sol, o céu limpo pela umidade da noite, o perfume da grama molhada, o silêncio... Impregnar-se desse momento e sentir sua luminosa intensidade.

Inspirar, expirar profundamente...

E, se vivemos no coração de uma cidade, imaginar que deitamos em plena natureza, uma natureza em que podemos inventar e que será ainda mais bela do que a realidade.

Pensamento da 90ª manhã
31 de março

Pensar nos seus

Um dos primeiros pensamentos do dia deve ser para aqueles que amamos. Não negligenciá-los, eles são nossa maior riqueza. Pensar em dizer – e repetir o mais frequentemente possível – o lugar importante que ocupam em nossa vida. O início do dia deles e o do nosso será invadido por uma certeza fundamental: amamos e somos amados.

Pensamento da 91ª manhã
1º de abril

O importante

Um dia pleno é um dia ao longo do qual soubemos distinguir o que era importante do que não era. E em que agimos de acordo com isso.

Pensamento da 92ª manhã
2 de abril

Boa figura

Ninguém tem culpa da cara que tem, mas sim da que faz.

Pensamento da 93ª manhã
3 de abril

Cheio de energia

O café da manhã é um momento essencial. Alimentar o corpo tem uma simbologia poderosa, principalmente no início do dia. Nós o enchemos de energia antes de começarmos as tarefas diárias. Bastante negligenciada, essa primeira etapa é indispensável. Quem pensaria em iniciar uma longa viagem de carro sem encher o tanque? Ninguém, pois cedo ou tarde o carro pararia. Assim, para que o organismo não nos deixe na mão no meio do dia (cansaço, estresse, lapsos de memória...), devemos abastecê-lo todas as manhãs.

Pensamento da 94ª manhã
4 de abril

Aceitar a diferença

Uma criança que vai mal na escola não necessariamente é preguiçosa ou inabilidosa. Ela é diferente. Devemos proporcionar-lhe uma via de realização paralela que lhe permita desenvolver seus dons.

Pensamento da 95ª manhã
5 de abril

Ser feliz agora

Por que deixar para mais tarde a possibilidade de ser feliz?

Pensamento da 96ª manhã
6 de abril

Responsabilidades

Inútil tentar fugir das responsabilidades. Elas sempre acabam nos alcançando.

Pensamento da 97ª manhã
7 de abril

Um bom sapato

Escolher bons sapatos em que os pés fiquem à vontade é proporcionar-se horas de bem-estar. A planta do pé suporta o peso de todo o corpo ao longo do dia inteiro. Ela é um terminal nervoso. Se não estiver confortável, se estiver apertada num sapato alto demais ou pequeno demais, de certo modo nosso equilíbrio físico se verá fragilizado. "Não podemos caminhar olhando as estrelas quando temos uma pedra no sapato", dizem os chineses. Daí a importância de um bom sapato.

Pensamento da 98ª manhã
8 de abril

Cada dia é o que decidimos que seja

Ao acordar, não sair da cama num pulo. Ficar deitado por alguns minutos, de costas. Respirar fundo. Pensar em si e no que será feito desse dia. Tomar plena consciência desse momento. Decidir que as horas que virão serão criativas, enriquecedoras, positivas... plenas.

Firmar essa certeza dentro de si, no silêncio da manhã.

Depois, levantar.

Pensamento da 99ª manhã
9 de abril

Primeira meditação

Ficar alguns minutos a mais na cama. Deitado de costas, inspirar e expirar lentamente, consciente de cada movimento da respiração. Esvaziar a mente e não pensar em nada por alguns minutos. Esta é a primeira meditação do dia.

Pensamento da 100ª manhã
10 de abril

Amar mais

Amamos mais quando amamos o outro pelo que ele é.

Pensamento da 101ª manhã
11 de abril

Amar para ser amado

Se quisermos que os outros nos amem, comecemos a amá-los.

Se quisermos que se interessem por nós, comecemos a nos interessar por eles.

Se quisermos amigos fiéis e generosos, sejamos também.

Comecemos dando, e receberemos.

Pensamento da 102ª manhã
12 de abril

Pensar no próximo

O universo no qual vivemos seria mais tranquilo se cada um tratasse o próximo da maneira que gostaria de ser tratado.

Pensamento da 103ª manhã
13 de abril

Auspícios

Sorrir, dizer bom dia, agradecer, deixar passar: coisas que nos permitem iniciar um dia sob bons auspícios.

Pensamento da 104ª manhã
14 de abril

Amigos

Não devemos invejar as pessoas que parecem ter muitos amigos. Muitas vezes, elas não têm nenhum.

Pensamento da 105ª manhã
15 de abril

Nadar no sentido da corrente

Mais vale nadar no sentido da corrente (mesmo que não seja na direção que queremos seguir) do que obstinar-se e desperdiçar energia em combates já perdidos.

Pensamento da 106ª manhã
16 de abril

A cor

Usar cores para opor-se ao tempo cinzento e demonstrar, assim, um espírito positivo.

Pensamento da 107ª manhã
17 de abril

Ser oportunista

Se as coisas não aconteceram do jeito que se queria, é preciso pensar na melhor maneira de aceitá-las e tentar virar essa situação inesperada a seu favor.

Pensamento da 108ª manhã
18 de abril

Ser seu melhor amigo

Cada um tem dentro de si forças positivas e negativas que o levam, dependendo das circunstâncias, a ser seu melhor amigo ou seu pior inimigo. É preciso saber aceitar a si mesmo e tornar-se seu maior aliado. Isso quer dizer não se desvalorizar, confiar em si mesmo, respeitar-se, identificar e dominar suas fraquezas, não ser destrutivo. Aquele que sabe vencer a si mesmo não tem mais nada a temer.

Pensamento da 109ª manhã
19 de abril

Discernir o que é importante

Poucos – muito poucos – acontecimentos merecem a importância que lhes atribuímos.

Pensamento da 110ª manhã
20 de abril

Em perspectiva

Ver os incidentes ou os problemas em perspectiva. O que eles representam no conjunto de nossa vida? Na maioria das vezes, muito pouco. Amanhã ainda pensaremos neles? Em uma semana? Descobrimos, assim, que quase tudo o que chamamos de "problemas" não o são de fato, mas apenas dificuldades sem real importância.

Pensamento da 111ª manhã
21 de abril

Expulsar as contrariedades

Não deixar um aborrecimento da manhã ou da noite anterior estragar o dia. Não vale a pena. Cada instante merece ser vivido plenamente.

Pensamento da 112ª manhã
22 de abril

O presente

O passado passou.
O futuro é desconhecido.
Somente o presente nos pertence.

Pensamento da 113ª manhã
23 de abril

Enquanto ainda há tempo

Pessoalmente, por telefone, e-mail ou carta, todos os dias dizer a um amigo ou a um membro da família que pensamos nele e que o amamos. Depois que as pessoas se vão, é tarde demais para confessar-lhes a importância que tinham para nós e o amor que sentíamos por elas.

Pensamento da 114ª manhã
24 de abril

Lamento

De maneira geral, as coisas de que mais nos lamentamos são as que não fizemos.

Pensamento da 115ª manhã
25 de abril

Relativizar

Tudo parece menos importante quando não perdemos de vista o essencial.

Pensamento da 116ª manhã
26 de abril

O ensinamento das crianças

As crianças são nossas professoras. Elas nos ensinam, nos fazem amadurecer, nos fortalecem.

Pensamento da 117ª manhã
27 de abril

Balanço

A única coisa que resta de uma vida é o amor que foi dado ao próximo.

Pensamento da 118ª manhã
28 de abril

Pequena felicidade e grandes esperanças

Melhor ser feliz num cubículo do que infeliz numa mansão. Isso parece óbvio, mas quantos de nós negligenciam a felicidade real, a família, os amigos, para correr atrás de um reconhecimento social ou de bens materiais que nunca têm certeza de obter? Perguntar-se: essas esperanças merecem tantos sacrifícios?

Pensamento da 119ª manhã
29 de abril

Faísca

É preciso prestar atenção aos detalhes da vida: o companheiro está irritado? Tentar descobrir por quê. O caçula está indo mal na escola? Marcar uma reunião com a professora. Cansamos mais que o normal fazendo exercícios? Procurar logo um médico. Lembrar que uma pequena faísca negligenciada pode provocar um enorme incêndio.

Pensamento da 120ª manhã
30 de abril

Vigilância

Sob todas as circunstâncias, esforçar-se para manter a vigilância. Quando a consciência não está alerta, ficamos expostos a perigos e erros.

Pensamento da 121ª manhã
1º de maio

Despertar a mente

Aproveitar esse feriado para dar-se o tempo de não fazer nada. A inatividade física desperta a mente e abre novos horizontes. É uma maneira de fazer desse dia um dia pleno e essencial.

Propor a si mesmo: "E se eu não fizesse nada?".

Pensamento da 122ª manhã
2 de maio

A calma conduz à felicidade

Para alguns, calma é sinônimo de tédio. Eles esquecem que muitas vezes ela é uma promessa de felicidade.

Pensamento da 123ª manhã
3 de maio

Missão cumprida

Quando trabalhamos bem, e temos consciência disso, sempre ficamos calmos e serenos.

Pensamento da 124ª manhã
4 de maio

O bom momento

Fazer as coisas na hora certa permite ganhar um tempo precioso e manter a calma.

Pensamento da 125ª manhã
5 de maio

Mão na massa

Realizar alguma coisa com as próprias mãos proporciona uma enorme satisfação e aumenta a autoestima.

Pensamento da 126ª manhã
6 de maio

Falar mezza voce

Falar pausadamente, com voz calma e suave, contribui para criar uma atmosfera serena e construtiva a seu redor.

Pensamento da 127ª manhã
7 de maio

Ducha fria

Entre os gestos revigorantes da manhã, terminar a ducha com um jato de água fria sobre todo o corpo é um dos maiores estimulantes que existem. Faz-nos sentir em plena forma e surpreendentemente alegres.

Pensamento da 128ª manhã
8 de maio

Verdades

As verdades que menos gostamos de ouvir são as que mais precisamos conhecer.

Pensamento da 129ª manhã
9 de maio

Pouco

Fazer um pouco é sempre melhor do que não fazer absolutamente nada.

Dar um pouco é sempre melhor do que não dar absolutamente nada.

Pensamento da 130ª manhã
10 de maio

Quando o hábito se torna natural

Não deixar um mau hábito se instalar e prevalecer. A longo prazo, ele pode se tornar uma característica dominante. Assim, é preciso evitar irritar-se diante de qualquer contrariedade e tentar dominar os nervos. Não comer demais se temos tendência à obesidade. Não remoer o que perdemos para não nos tornarmos amargurados... Lutando contra nossas tendências negativas, evitamos nos deixar dominar por elas. Obtemos pequenas vitórias cotidianas sobre nós mesmos.

Pensamento da 131ª manhã
11 de maio

Concluir

Não adiar para amanhã o que podemos fazer hoje. Ou para daqui a pouco o que podemos realizar imediatamente. As tarefas inacabadas obstruem inutilmente a mente e geram estresse e frustração. Fixar prazos para cumprir e concluir cada obrigação.

Pensamento da 132ª manhã
12 de maio

Gato sentado

Observar a impressão de calma e serenidade que um gato sentado e imóvel passa.

Pensamento da 133ª manhã
13 de maio

Ser feliz agora

Quem pode dizer o que o futuro nos reserva? Ninguém.

Quem pode fazer com que sejamos felizes agora? Nós mesmos.

Pensamento da 134ª manhã
14 de maio

Amar o que fazemos

Para alcançarmos a plenitude, precisamos amar sinceramente o que fazemos. Todos os dias devemos cumprir com dedicação, consciência e amor a tarefa que nos foi confiada. Um trabalho realizado com zelo gera tranquilidade, satisfação e permite progredir no caminho da autorrealização.

Pensamento da 135ª manhã
15 de maio

Promessa

Fazer uma promessa a si mesmo, cumpri-la e ampliar, assim, seus limites.

Pensamento da 136ª manhã
16 de maio

Aproximar-se de seu objetivo

Fixar um objetivo e todos os dias fazer alguma coisa para se aproximar dele. E hoje também...

Pensamento da 137ª manhã
17 de maio

Superar os obstáculos

As grandes metas de nossa vida não devem ser alteradas por incidentes de percurso. Acontecimentos imprevistos podem nos obrigar a retardar nossos projetos, a abordá-los de maneira diferente, mas em hipótese alguma devem nos fazer renunciar a eles. Não importa se o caminho for mais árduo do que o previsto, o importante é manter a boa direção. É assim que marinheiros dão a volta ao mundo em barcos a vela apesar das avarias, que campeões de tênis ganham partidas quase perdidas, que grandes empresários fazem fortuna após uma falência, que mulheres têm filhos após vários abortos... Toda vitória esconde sua parcela de dificuldade e perseverança.

Pensamento da 138ª manhã
18 de maio

Reinventar-se

A autoconfiança é a força moral que permite que nos reinventemos após um fracasso.

Pensamento da 139ª manhã
19 de maio

Programar seu sucesso

Com vontade e método, cada um de nós tem os meios para conseguir o que sonha e programar seu sucesso. Para isso, não deve nunca – nunca! – perder de vista seu objetivo, e todos os dias realizar alguma coisa para se aproximar dele. O pianista virtuose um dia precisou começar a aprender o solfejo! Toda ambição, por maior que seja, estará ao nosso alcance se fizermos o esforço de trabalhar com constância e obstinação.

Pensamento da 140ª manhã
20 de maio

Espírito de vencedor

Depois de um fracasso, não desanimar. Repetir para si mesmo: "Não faz mal, vou conseguir". Apegar-se a isso e perseverar. Se outros conseguiram, também conseguiremos. Alimentar sua autoconfiança com essa certeza. A autopersuasão é fundamental: para esperar a vitória, é preciso estar convencido de que ela será alcançada.

Pensamento da 141ª manhã
21 de maio

História...

Jean-Claude e Cédric foram chamados para uma entrevista de emprego. Algum tempo depois, receberam em casa uma correspondência informando que não seriam contratados.

Decepcionado, Jean-Claude ficou abatido e amaldiçoou sua sorte. Seu humor se tornou execrável. Sua reação desmedida desencadeou uma briga com a mulher. Ele se fechou dentro de seu rancor. Evidentemente, as cartas de apresentação que escreveu a seguir deixaram transparecer seu ânimo, e a busca por emprego se arrastou indefinidamente.

Cédric também ficou decepcionado por não ter conseguido o cargo. Depois de algum tempo de desânimo, ele tentou compreender os motivos para sua não contratação. Passou em revista o encontro, identificou seus pontos fracos, refletiu sobre a maneira como poderia melhorá-los... Enfim, toda a sua energia foi colocada em aprender com o fracasso. Pouco a pouco, recuperou a autoconfiança e enviou cartas de apresentação mais vivas e dinâmicas.

Será preciso dizer qual dos dois foi o primeiro a conseguir um emprego?

Precisamos aprender a ver os aspectos positivos de um fracasso.

Pensamento da 142ª manhã
22 de maio

Resultado

Cedo ou tarde, nos tornamos o que fizemos.

Pensamento da 143ª manhã
23 de maio

Laço social

O canto é um excelente laço social, que chama a atenção dos outros, a curiosidade, a simpatia. Às vezes também é comunicativo. E se cantarolássemos uma melodia hoje... o outono seria menos cinza.

Pensamento da 144ª manhã
24 de maio

Causas e efeitos

Não perder de vista que as mesmas causas produzem sempre os mesmos efeitos. Se nossas atitudes não mudarem, os resultados também não mudarão.

Pensamento da 145ª manhã
25 de maio

O que é difícil

Mudar não é difícil. Difícil é decidir mudar.

Pensamento da 146ª manhã
26 de maio

Ascensão

Querer mudar é como subir uma montanha. As primeiras trilhas escarpadas parecem as mais difíceis e cansativas. No entanto, ao longo da subida, percebemos que o caminho não é tão árduo como parece. Assim que alcançamos certa altitude, descobrimos com espanto que a dificuldade não está na ascensão, mas na ideia que tínhamos dela. E, valendo-nos dessa descoberta, que é uma vitória sobre nós mesmos, avançamos com mais facilidade. As perspectivas que se abrem são tão grandes, as paisagens são tão belas, que não cogitamos mais voltar atrás.

Pensamento da 147ª manhã
27 de maio

Um gesto pelo ambiente

Todos se dizem preocupados com as questões ambientais e com a poluição. No entanto, o que fazemos de concreto, no dia a dia, para contribuir para melhorar a situação? Nada, ou muito pouco. Então, em vez de ficarmos com palavras e intenções, harmonizemos nossos atos com nossos pensamentos.

Não deixar todas as luzes da casa acesas, respeitar os limites de velocidade, obrigar-se a não usar o carro uma vez por semana, separar o lixo, juntar um saco plástico do meio da rua, comprar um detergente ecológico ou alimentos orgânicos... Há tantas opções!

Tudo isso parece insignificante. Mas o esforço de cada um pode contribuir para melhorar a vida de todos.

Pensamento da 148ª manhã
28 de maio

Valorizar o que está feito

Às vezes, é bom valorizar o que foi realizado, em vez de focar no que ainda precisa ser feito.

Pensamento da 149ª manhã
29 de maio

Chave

A felicidade consiste em nos contentarmos com o que temos e esquecer o que desejávamos.

Pensamento da 150ª manhã
30 de maio

Não pertencer a seus bens

Mais dia, menos dia, não são mais os bens que nos pertencem, nós é que pertencemos a eles.

Pensamento da 151ª manhã
31 de maio

Despreocupação

Reaprender a despreocupação e a leveza, esquecidas condições para a felicidade que fazem das crianças seres tão felizes.

Pensamento da 152ª manhã
1º de junho

Escrever seus objetivos

Colocar por escrito objetivos e prioridades. Assim os tiramos da abstração para ancorá-los na realidade. É uma maneira de nos aproximarmos deles.

Pensamento da 153ª manhã
2 de junho

Felizes ou infelizes?

Com frequência, somos muito mais felizes e muito menos infelizes do que pensamos.

Pensamento da 154ª manhã
3 de junho

Feliz, agora

Depende apenas de nós a decisão de aqui, agora, imediatamente, ser feliz e ver a vida pelo lado positivo.

Pensamento da 155ª manhã
4 de junho

Afirmar sua diferença

Ninguém nos obriga a amar o que todo mundo ama, a aceitar o que a maioria pensa. Pelo contrário, precisamos afirmar nossas diferenças, suavemente. Existe um espaço para cada um de nós. E uma promessa de felicidade para todos.

Pensamento da 156ª manhã
5 de junho

As ideias originais

Lembrar que as ideias mais originais, as mais estapafúrdias, as mais controversas, são as que fazem o mundo progredir.

Pensamento da 157ª manhã
6 de junho

"Não"

Aprender a dizer não, com firmeza e suavidade, sem justificativas e sem culpa, permite recuperar o livre-arbítrio, conquistar uma parcela de independência e criar seu próprio espaço de liberdade.

Assim, um "não" na hora certa é uma promessa de felicidade.

Pensamento da 158ª manhã
7 de junho

Diminuir as horas de trabalho

Não sobrecarregar a agenda. Deixar horários vazios, sem reuniões ou obrigações. Aproveitar esses momentos de liberdade para refletir, relaxar, meditar, fazer alguma coisa para si, exercitar-se... Para ficar bem, nada mais.

Pensamento da 159ª manhã
8 de junho

Cuidado com os excessos

Cuidado com os próprios excessos. Além de nos deixarem arrependidos, eles nos prejudicam mais do que qualquer maldade.

Pensamento da 160ª manhã
9 de junho

Raiva

Controlar uma onda de raiva é uma bela vitória sobre si mesmo.

Pensamento da 161ª manhã
10 de junho

Controlar suas palavras

Num conflito, numa altercação, não falar sem pensar. Palavras assim são mais difíceis de esquecer... e de perdoar.

Pensamento da 162ª manhã
11 de junho

O lado bom das coisas

Esforçar-se para ver, apesar de tudo e de todos, o lado bom das coisas. Essa é uma das chaves da sabedoria.

Pensamento da 163ª manhã
12 de junho

Nascer do sol

Esta manhã, acordar mais cedo e tomar tempo para admirar, em silêncio, o nascer do sol.

É lindo, não?

Pensamento da 164ª manhã
13 de junho

Tranquilamente

As coisas importantes e urgentes devem ser feitas com tranquilidade.

Pensamento da 165ª manhã
14 de junho

Comportar-se como em sociedade

Na frente de amigos ou mesmo de desconhecidos, todos tentamos passar uma boa imagem de nós mesmos. Falamos educadamente, ouvimos, sorrimos, somos gentis com o companheiro, evitamos nos irritar... Enfim, mostramos nosso melhor para valorizar a nós mesmos e aos nossos. Por que não fazer o mesmo na intimidade e sem testemunhas? Nossa vida cotidiana se tornaria mais serena e feliz.

Pensamento da 166ª manhã
15 de junho

A voz da consciência

É em meio à solidão e ao silêncio que ouvimos a voz da consciência.

Pensamento da 167ª manhã
16 de junho

Ouvir os outros

Os outros têm potenciais, ideias e reflexões que podem ser complementares aos nossos. Nunca hesitar em pedir a opinião dos que nos cercam.

Pensamento da 168ª manhã
17 de junho

Resposta

Observar que muitas vezes os outros moldam suas ações pelas nossas. Por isso, a agressividade gera agressividade. O estresse responde ao estresse. Uma mesquinharia provoca outra... Experimentar a suavidade e a gentileza, para constatar que tudo a nossa volta se tranquiliza como que por magia.

Pensamento da 169ª manhã
18 de junho

Amigo

Não considerar um desconhecido como um inimigo em potencial ou um intruso, mas como um amigo. Acolhê-lo e comportar-se com ele como tal, em vez de ser-lhe hostil à primeira vista.

Pensamento da 170ª manhã
19 de junho

Manhã de outono

"Os longos soluços dos violinos de outono..." só contribuem para tornar nossa vida monótona... e triste. Não adianta nada ficar se lamentando. Essa manhã de outono, mesmo que cinza e chuvosa, é um novo dia.

Pensamento da 171ª manhã
20 de junho

Obrigado

Toda vez que um raio de sol atravessar as nuvens cinzentas de um dia de outono, olhar para o céu e dizer obrigado.

Pensamentos
para o inverno

Conto para reaquecer o inverno
Os dois doentes

Dois homens, gravemente enfermos, ocupavam o mesmo quarto de hospital. Ambos deviam ficar deitados, mas um deles tinha autorização para sentar na cama por uma hora, à tarde, enquanto o companheiro devia ficar deitado.

A cama do primeiro ficava ao lado da janela. Ele aproveitava o tempo em que podia ficar sentado para olhar para fora e descrever ao amigo tudo o que acontecia na rua.

O quarto dava para um parque com um lago magnífico. Patos e cisnes brincavam na água, enquanto as crianças puxavam barcos em miniatura. Jovens casais apaixonados caminhavam de braços dados. Tudo era bonito e bucólico. Ao longo de uma hora, o homem sentado descrevia tudo ao companheiro, com riqueza de detalhes.

Aquele momento embelezava seus dias. Os dois homens aproveitavam para compartilhar lembranças, falar dos filhos e da família... Naquele momento, esqueciam a doença, e aquilo trazia um pouco de doçura a seus sofrimentos.

Com o passar dos dias e das semanas, o compromisso das tardes tornou-se uma forma de recompensa que alegrava o dia a dia.

Quando a hora chegava, o encanto narrativo recomeçava. O homem descrevia as flores, as árvores, tentando traçar sua variedade, as crianças que brincavam no tanque de areia, a vista da cidade ao longe... Ouvindo esses detalhes, o outro fechava os olhos de alegria, imaginando cenas pitorescas.

A vida passava nesse ritmo. Certa manhã, porém, a enfermeira entrou no quarto e viu que o homem da cama ao lado da janela havia morrido durante o sono.

Entristecida, pediu ajuda para retirar o corpo sob o olhar do outro homem, que chorou a morte do amigo.

Quando sentiu que era um momento propício, o homem perguntou se poderia ser colocado na cama ao lado da janela. A enfermeira ficou feliz em dar-lhe esse prazer e, depois de certificar-se de que estava confortavelmente instalado, deixou-o a sós.

Lentamente, ele se ergueu sobre um cotovelo e deu uma primeira olhada para fora. Finalmente teria a alegria de ver com os próprios olhos tudo o que o companheiro descrevera tão bem... mas a única coisa que viu foi uma parede!

Por que seu companheiro havia descrito tantas maravilhas se não havia nada? Perguntou isso à enfermeira, que respondeu sorrindo:

– Sem dúvida para encorajá-lo. Talvez o senhor não soubesse, mas ele era cego.

A moral dessa história é que sentimos uma enorme felicidade quando fazemos os outros felizes, apesar de nossos próprios sofrimentos.

E que, enquanto o sofrimento compartilhado divide a dor por dois, a alegria compartilhada é duas vezes maior.

Pensamento da 172ª manhã
21 de junho

Ideais

Não ser cínico, desiludido ou cego; a virtude e a bondade existem, mesmo no mundo imperfeito e violento em que vivemos.

Pensamento da 173ª manhã
22 de junho

Prever

Não fazer como o imprudente da fábula, que vai para dentro do poço quando está com sede.

Pensamento da 174ª manhã
23 de junho

Filhos do universo

Todos somos filhos do universo. Assim como as árvores, as estrelas, os pássaros... Estamos ligados a tudo e formamos um todo. Devemos nos impregnar dessa verdade para nos sentirmos em paz. E no lugar certo.

Pensamento da 175ª manhã
24 de junho

Presente

O hoje é uma dádiva. É por isso que o chamamos presente.

Pensamento da 176ª manhã
25 de junho

Futilidades

É preciso saber apreciar cada instante da vida, por mais fútil que ele seja. Assim, o aroma de uma xícara de café fumegante em cima da mesa, no silêncio da manhã, é um prenúncio da felicidade.

Pensamento da 177ª manhã
26 de junho

Tudo tem um sentido

Não existe tarefa ingrata ou suja, apenas a imagem que fazemos dela. Tudo tem um sentido. Tudo é útil. Assim, quando nos conscientizamos da importância de nossa missão, podemos cumpri-la com entusiasmo renovado.

Pensamento da 178ª manhã
27 de junho

Tomar posse de seu corpo

Pela manhã, espreguiçar-se lentamente tomando consciência de cada parte de seu corpo. Cabeça. Nuca. Braços. Mãos. Pernas. Até dos dedos do pé. Tomar posse de seu corpo, de certo modo, é conscientizar-se de estar vivo e impregnar-se do momento presente.

Pensamento da 179ª manhã
28 de junho

Da arte de se condicionar

Deitado na cama, os olhos no teto, respirar lentamente. Esvaziar a mente das pequenas preocupações que a preenchem. Dizer em voz alta: "sou feliz", "tenho a sorte de estar aqui onde cheguei". Condicionar-se para a felicidade. Ela sempre está a nosso alcance, apesar das imperfeições da vida. Sentir-se melhor com isso.

Pensamento da 180ª manhã
29 de junho

Posse

O presente é nossa única posse. O passado escapou, e o futuro não passa de especulação. Parar de lamentar-se ou de ficar esperando, é agora que estamos vivendo.

Pensamento da 181ª manhã
30 de junho

Envolvimento

Observar os atletas e seu envolvimento total com o momento presente.

Pensamento da 182ª manhã
1º de julho

A hora certa

Às vezes, não sabemos mais por que estamos irritados ou o que nos tirou do sério. Porque chegou o momento de voltar a sorrir.

Pensamento da 183ª manhã
2 de julho

Medo

Não ter medo de nada, apenas do medo.

Pensamento da 184ª manhã
3 de julho

Beleza

Às vezes, basta dizer uma palavra para tornar mais belo o dia de alguém a nosso lado.

Pensamento da 185ª manhã
4 de julho

Verbos de amor

Compreender, aceitar, tolerar, ouvir, mudar, confiar, sorrir, recomeçar, explicar, dar, perdoar... é amar.

Pensamento da 186ª manhã
5 de julho

Útil

Ser útil a alguém já é uma magnífica razão de viver.

Pensamento da 187ª manhã
6 de julho

Generosidade

Ser capaz de generosidade é uma prova de realização interna. A mesquinharia, pelo contrário, revela frustração.

Pensamento da 188ª manhã
7 de julho

Um momento de felicidade

Apreciar a felicidade do momento, mesmo quando não sabemos como será o amanhã.

Pensamento da 189ª manhã
8 de julho

Repressão

Um sentimento reprimido é uma ferida, que não pode cicatrizar enquanto ele não for posto para fora.

Pensamento da 190ª manhã
9 de julho

Dor

Apesar da dor, da tristeza, sempre há algo a ser aprendido com a perda de um ente querido.

Pensamento da 191ª manhã
10 de julho

Tempo perdido

E se passássemos menos tempo nos perdendo, desperdiçando, mentindo, estragando? Tantos momentos em que esquecemos de ser felizes!

Pensamento da 192ª manhã
11 de julho

Lembrar do positivo

Quando um acontecimento negativo (ou que percebemos como tal) vem contrariar nossos planos, atribuímos a ele uma importância desmesurada, focamos nele até perder a lucidez. Pena não colocarmos a mesma energia para agradecer à Providência por tudo de positivo que nos acontece. Somente as dificuldades retêm nossa atenção, enquanto as coisas boas são consideradas normais e rapidamente esquecidas. Se tivéssemos a sabedoria de fazer o contrário, a vida pareceria mais doce e melhor.

Pensamento da 193ª manhã
12 de julho

Realização

A cada dia fixar um objetivo, por menor que seja (consertar algum objeto da casa, telefonar para um amigo, fazer uma tarefa administrativa...), e realizá-lo. Nada melhor para uma mente serena do que a sensação de ter cumprido uma missão, mesmo quando parece insignificante.

Pensamento da 194ª manhã
13 de julho

Pensar em si

Cada dia fazer algo para si, só para si.

Pensamento da 195ª manhã
14 de julho

Querer mudar

Algumas mudanças mínimas em nosso comportamento podem melhorar nossa vida e nos fazer mais felizes.

Pensamento da 196ª manhã
15 de julho

Intensificar seus esforços

Prolongar um esforço, ampliar sua capacidade de trabalho, intensificar um preparo físico ou moral... é proporcionar-se, a cada dia, meios suplementares de cumprir suas metas e uma chance a mais de atingir seus objetivos. A perseverança concretiza a determinação e permite provar a si mesmo que se pode ir mais longe. Ainda mais longe...

Pensamento da 197ª manhã
16 de julho

Estado de espírito

Se passamos o tempo gemendo ou nos queixando, não devemos nos surpreender ao nos vermos sozinhos ou sem termos progredido. Mudando nosso estado de espírito, o ambiente a nossa volta mudará.

Pensamento da 198ª manhã
17 de julho

Progresso

A sensação de progredir a cada dia nos torna mais felizes e mais calmos.

Pensamento da 199ª manhã
18 de julho

Renúncia

É bom perseverar. Mas saber renunciar às vezes é uma prova de sabedoria. Isso não quer dizer que os objetivos são abandonados, mas que há mais chances de alcançá-los mudando seu modo de agir. E depois de uma pausa, necessária a toda reflexão, partir em outra direção.

Pensamento da 200ª manhã
19 de julho

Agenda

Escrever na agenda, entre os compromissos ou obrigações: "tempo de reflexão", "meia hora para mim", "momento de sonho".

Pensamento da 201ª manhã
20 de julho

Tempo livre

A maneira como ocupamos nosso tempo livre diz muito a respeito de nossa vontade de vencer na vida. Mesmo relaxando, é possível agir sobre sua vida. Por exemplo, em vez de ficar horas prostrado na frente da televisão, fazer um esporte para emagrecer ou ficar mais forte, passear com a família para se aproximar dos filhos, ir a museus ou parques para nutrir a alma... O lazer também deve responder a uma ambição. Tempo livre não é sinônimo de perda de tempo.

Pensamento da 202ª manhã
21 de julho

Propor uma solução

Para conseguir se impor e influenciar os outros, é preciso controlar suas emoções, saber organizar, apaziguar e, principalmente, ser o primeiro a propor soluções aceitas por todos.

Pensamento da 203ª manhã
22 de julho

Não ser passivo

No inverno, quando o tempo está feio, não passar as longas tarde de domingo na frente da televisão. Acabamos o dia cansados e insatisfeitos quando fazemos isso. Aproveitar esse tempo para fazer algo que nos seja importante: brincar com as crianças, trocar uma lâmpada queimada, arrumar uma prateleira, experimentar uma nova receita. Ou obrigar-se a sair de casa para ir ao cinema, tomar um chá com os amigos, visitar um museu. Não ficar passivo, para não ter a sensação de ter perdido tempo.

Pensamento da 204ª manhã
23 de julho

Calma durante a tempestade

Mesmo num momento de conflito extremo, sempre se ganha ao manter a calma.

Pensamento da 205ª manhã
24 de julho

Respiração, meditação

Aprender a meditar. Instalar-se de preferência num lugar calmo. Sentar-se bem ereto (numa cadeira ou no chão). Colocar as mãos sobre as coxas, alinhar as costas e a cabeça. Inspirar, exalar fechando os olhos. Tomar consciência da respiração e do movimento do corpo. Ficar assim por cinco ou dez minutos, meditando. Mais tempo, se possível. Esses instantes privilegiados trarão inúmeros benefícios.

Pensamento da 206ª manhã
25 de julho

Recuar

Durante uma discussão exaltada ou um conflito, melhor recuar do que se irritar ou brigar. Podemos nos arrepender de uma raiva passageira, mas raramente de um momento de autocontrole.

Pensamento da 207ª manhã
26 de julho

Contentar-se com pouco

Quando sabemos nos contentar com pouco, ficamos calmos. Quando sempre queremos mais, ficamos estressados e agitados.

Pensamento da 208ª manhã
27 de julho

Vivo

Espantar-se, entusiasmar-se, apaixonar-se, interessar-se, deixar-se surpreender ou seduzir, saber divertir-se, rir, brincar é estar vivo e bem ancorado na realidade.

Pensamento da 209ª manhã
28 de julho

Ser amado é uma sorte

Ser amado é um presente maravilhoso. É preciso aproveitá-lo e conscientizar-se de sua sorte.

Pensamento da 210ª manhã
29 de julho

Autorrealização

Determinarmos a cada dia nossas prioridades e cumpri-las faz com que sejamos pessoas mais serenas, menos estressadas, que dormem melhor e que estão em harmonia consigo mesmas. Além disso, provoca a sensação muito gratificante de autorrealização no dia a dia.

Pensamento da 211ª manhã
30 de julho

A alegria é a liberdade

As pessoas alegres são muito sábias. Elas não deixam os acontecimentos externos se sobreporem a elas. Elas são livres.

Pensamento da 212ª manhã
31 de julho

Apreciar a felicidade do presente

A dificuldade de certos acontecimentos nos faz lembrar que a felicidade tem um preço, e que é preciso vivê-la e apreciá-la.

Pensamento da 213ª manhã
1º de agosto

Riso

O riso franco e espontâneo é reflexo de uma mente relaxada.

Pensamento da 214ª manhã
2 de agosto

Controlar as emoções

Quando controlamos nossas emoções, marcamos um ponto importante sobre nós mesmos e os outros.

Pensamento da 215ª manhã
3 de agosto

Mimetismo

É incrível como as pessoas calmas e serenas dão aos outros vontade de se parecerem com elas!

Pensamento da 216ª manhã
4 de agosto

Crescer

É preciso crescer e engrandecer-se para elevar-se acima das baixezas.

Pensamento da 217ª manhã
5 de agosto

Enxaguar o espírito

Enxaguar e lavar mentalmente o espírito com água corrente, como fazemos com uma camisa. E sentir-se refrescado e leve.

Pensamento da 218ª manhã
6 de agosto

Sem lamúrias

Quando fizemos tudo o que podíamos para alcançar ou conseguir algo e ainda assim fracassamos, não devemos nos lamentar. Era para ser assim.

Pensamento da 219ª manhã
7 de agosto

Admirar a paisagem

Comparar o ponto que desejamos atingir no topo de uma montanha e sua vida a uma trilha escarpada. Para chegar ao topo, podemos escolher percorrer o caminho de cabeça baixa, tendo apenas o objetivo em mente, sem ver nada do que nos cerca. Ou podemos avançar apreciando a paisagem circundante e às vezes diminuir o ritmo e seguir uma bifurcação, sem no entanto desistir de chegar ao cume. No primeiro caso, nos furtamos dos momentos de felicidade pensando que apreciaremos a paisagem uma vez no alto. No segundo caso, nos permitimos ter tempo para a felicidade, aceitando os prazeres e o espetáculo da subida. Se, por um motivo qualquer, o pico não for alcançado, alguns terão perdido tudo, e outros terão visto uma bela paisagem.

O pensamento zen nos lembra, assim, que a felicidade não está no fim do caminho, mas que o caminho é a felicidade.

Pensamento da 220ª manhã
8 de agosto

O que fazemos pelos outros?

Em geral, esperamos muito dos outros, mas nos perguntamos com menos frequência o que fazemos por eles. Somos tão generosos como pensamos ser? Sabemos ajudar um amigo, ou mesmo alguém que não conhecemos? Cedemos nosso lugar a uma pessoa mais velha no ônibus ou no metrô? Emprestaríamos um pouco de dinheiro a um amigo necessitado? Devemos nos conscientizar dos progressos que ainda precisamos fazer. O altruísmo funciona como um músculo: é preciso exercitá-lo diariamente.

Pensamento da 221ª manhã
9 de agosto

Pedir aos outros que nos julguem

Fazer um exercício difícil, mas instrutivo: pedir a uma pessoa de confiança para citar dois de nossos principais defeitos. Aceitar o que ela diz, sem tentar justificar-se ou defender-se. Comprometer-se apenas a tentar melhorar.

Pensamento da 222ª manhã
10 de agosto

Melhorar

Perguntar-se o que é possível fazer aqui e agora para melhorar. Nunca arrumamos a casa? Buscar a vassoura. Fumamos demais? Apagar o cigarro. Temos tendência à irritação? Tentar manter a calma. Não é muito, mas é um começo.

Pensamento da 223ª manhã
11 de agosto

Despertar

Não lamentar-se por ter perdido tempo, por ter sido lento ou menos rápido que os outros. Cada um compreende ou aprende em seu próprio ritmo. A verdade – sua verdade – é um caminho. Ela surge aos poucos. O importante não é ter demorado, mas tê-la encontrado.

Pensamento da 224ª manhã
12 de agosto

Reconhecer que não sabemos

Confessar que não sabemos às vezes traz um grande alívio, mais eficaz do que tentar convencer os outros – e a nós mesmos – de que sabemos.

Pensamento da 225ª manhã
13 de agosto

Aceitar os defeitos do outro

Aceitar os defeitos do outro é optar por uma vida a dois mais pacífica e feliz.

Pensamento da 226ª manhã
14 de agosto

Dono do próprio destino

Ninguém pode decidir ser feliz por nós.

Pensamento da 227ª manhã
15 de agosto

Declaração

Fazer um esforço cotidiano por aquele ou aquela que amamos é como uma declaração de amor constantemente renovada.

Pensamentos para o inverno

Pensamento da 228ª manhã
16 de agosto

Palavras de amor em Post-it

Escrever pequenas mensagens em Post-its e colá-los pela casa, para aquele ou aquela que amamos. Um "eu te amo" colado na porta da geladeira, um "tenha um bom dia" perto do lugar em que colocamos as chaves, um "coração" colado no espelho do banheiro. Enfeitar a vida com delicadezas que reforçam o amor.

Pensamento da 229ª manhã
17 de agosto

Harmonia

Em qualquer circunstância, esforçar-se para encontrar a harmonia e a simplicidade.

Pensamento da 230ª manhã
18 de agosto

Viver num ambiente organizado

A desordem material gera confusão mental. Tentar viver num ambiente ordenado, evitando perturbar a mente com o espetáculo de caos a seu redor.

Pensamento da 231ª manhã
19 de agosto

Ousar

Ousar, correr riscos, ser audacioso, realizar seus sonhos... O que se tem a perder?

Pensamento da 232ª manhã
20 de agosto

Elogio da lentidão

Aproveitar o inverno para viver devagar. Muito devagar. E apreciar cada instante para transformá-lo num momento de eternidade.

Pensamento da 233ª manhã
21 de agosto

Gentileza

Observar como uma palavra gentil e sincera reaquece o coração e reconforta por um bom tempo.

Pensamento da 234ª manhã
22 de agosto

Despreocupação

Saber divertir-se com pouco e gozar desses momentos de despreocupação que nos levam para tão perto da infância.

Pensamento da 235ª manhã
23 de agosto

Viver sem remorsos

Quando fazemos as coisas na hora certa, nos damos a chance de viver sem remorsos.

Pensamento da 236ª manhã
24 de agosto

Da amizade

Por amizade, consideração ou delicadeza, às vezes convém nos intrometermos no que não nos diz respeito. Indiscrição é melhor do que indiferença.

Pensamento da 237ª manhã
25 de agosto

Fissura

Tomar cuidado com os sinais de alerta. Às vezes, uma única e minúscula fissura pode fazer um barco naufragar.

Pensamento da 238ª manhã
26 de agosto

Preservar a pessoa que amamos

Se nos divertirmos estragando ou quebrando uma cadeira, ela não terá a mínima utilidade quando, cansados, quisermos nos sentar. Pelos mesmos motivos devemos ser doces, gentis e amáveis com a pessoa que amamos e que nos ama. Pois não devemos maltratar aqueles em quem nos apoiamos.

Pensamento da 239ª manhã
27 de agosto

Valsas de amor...

Compartilhar, olhar, oferecer, abrir, trocar, receber, esquecer, tolerar, apaziguar, tranquilizar, consolar, chorar, rir, cantar, divertir-se, dançar... é amar.

Pensamento da 240ª manhã
28 de agosto

Promessas

É importante cumprir promessas. Um "sim" jamais cumprido faz mais estragos do que milhares de "não".

Pensamento da 241ª manhã
29 de agosto

Feliz?

A felicidade é frágil, volátil, fugaz, se esconde em coisas tão pequenas... É preciso abrir os olhos e ficar atento, para não perceber tarde demais que se era feliz.

Pensamento da 242ª manhã
30 de agosto

Férias

Visualizar os momentos mais agradáveis das últimas férias e armazenar a energia positiva dessas imagens de felicidade e descanso.

Pensamento da 243ª manhã
31 de agosto

Saúde

Se estamos com boa saúde, então estamos muito felizes. O que mais pedir?

Pensamento da 244ª manhã
1º de setembro

Deixar passar

Antes de irritar-se com alguém ou algo, perguntar-se: vale a pena? Aprender, assim, a deixar passar.

Pensamento da 245ª manhã
2 de setembro

Valor

Muitas vezes, não é a incapacidade que está na origem de um fracasso, mas a falta de confiança em si mesmo.

Pensamento da 246ª manhã
3 de setembro

Organizar o tempo livre

Todos corremos atrás do tempo e nos queixamos de estar sem tempo. Quem nunca disse: "se eu tivesse meia hora livre, faria um exercício físico todos os dias", "trabalho demais e não passo tempo suficiente com as crianças", ou ainda "não tenho um minuto para ler, e adoro isso"? Ora, qualquer um pode parar tudo e dedicar-se ao que lhe é importante. A falta de tempo muitas vezes é consequência de um erro de organização ou de um mau uso do tempo livre. Quer fazer um exercício físico? O que está fazendo na frente da televisão? Quer passar mais tempo com as crianças? Por que fica no trabalho quando não há mais nada a fazer? Questionar-se sobre a maneira como o tempo livre é desperdiçado pode ser um rico ensinamento sobre nós mesmos.

Pensamento da 247ª manhã
4 de setembro

Suavizar o sofrimento

Quando sofremos ou quando somos atingidos por uma grande dor, precisamos pensar em dar um bálsamo a nosso coração, proporcionando-nos um pequeno prazer.

Pensamento da 248ª manhã
5 de setembro

Curativos da alma

Não hesitar em reconfortar uma pessoa que está sofrendo, mesmo que pareça um gesto pequeno ou inútil. A fala reaquece o coração, e as palavras são os curativos da alma.

Pensamento da 249ª manhã
6 de setembro

Suportar as provações

Não subestimar nossa capacidade de suportar e superar provações. Saímos delas mais maduros e mais fortes. Os grandes carvalhos também passaram por tempestades.

Pensamento da 250ª manhã
7 de setembro

Não ficar em conflito

Não ficar muito tempo em conflito ou num mal-entendido com um conhecido. Se o pior viesse a acontecer sem que tivéssemos a chance de uma reconciliação, a tristeza seria ainda maior e mais difícil de superar.

Pensamento da 251ª manhã
8 de setembro

Resposta

A melhor resposta que se pode dar às coisas ruins da vida é ser feliz e viver bem, a despeito de tudo e todos.

Pensamento da 252ª manhã
9 de setembro

Quando é tarde demais

Quantos casais se dão conta tarde demais de que não se disseram o essencial, de que não se ouviram ou compreenderam, e de que essa falta de comunicação gerou mal-entendidos irreparáveis? Quando estamos à beira do divórcio, quase sempre é tarde demais para prometer que mudaremos e nos esforçaremos. Deveríamos ter pensado nisso antes.

Pensamento da 253ª manhã
10 de setembro

O retorno da luz

Manter a confiança. Sempre. Mesmo nos momentos mais difíceis. "A noite mais escura sempre tem um fim luminoso", lembra um poema persa.

Pensamento da 254ª manhã
11 de setembro

Doçura

Depois que conhecemos o infortúnio, a felicidade fica mais saborosa, de uma doçura incrível.

Pensamento da 255ª manhã
12 de setembro

Contentar-se com pouco

As pessoas tranquilas e felizes são as que sabem se contentar com pouco e apreciar o que realmente são.

Pensamento da 256ª manhã
13 de setembro

Aceitar mudar

Aceitar mudar é a maior prova de inteligência.

Pensamento da 257ª manhã
14 de setembro

Sensatez

Não agredir quem nos agride, não gritar tão forte quanto aquele que grita, não enganar aquele que engana... Num conflito, aquele que aceita ceder não é o mais fraco. É o mais sensato.

Pensamento da 258ª manhã
15 de setembro

Calma

Saber manter a calma em situações de pouco estresse permite lidar melhor com problemas mais graves quando eles se apresentam.

Pensamento da 259ª manhã
16 de setembro

Construtor

Não há casa sem construtor. Assim, por trás de todo êxito, há uma vontade.

Pensamento da 260ª manhã
17 de setembro

Seguir em frente

Todo mundo já fracassou ao menos uma vez na vida. A diferença é que alguns não fazem disso um drama.

Pensamento da 261ª manhã
18 de setembro

Construir o futuro

Por que recorrer a cartomantes, videntes ou astrólogos para saber o que o futuro nos reserva? A maneira mais segura de predizer o futuro é construí-lo dia após dia, seguindo a imagem que temos na cabeça.

Pensamento da 262ª manhã
19 de setembro

Refletir

Não basta agir, também é preciso parar, refletir, fazer um balanço e aprender com nossas ações.

Pensamento da 263ª manhã
20 de setembro

Dentro de nós

Tudo é possível, pois tudo está dentro de nós.

Pensamento da 264ª manhã
21 de setembro

Movimento

Observar a natureza. Tudo está em constante movimento. O que estava aqui ontem não está mais hoje. A água do rio corre, a grama cresce, a árvore perde as folhas... tudo está em movimento e em eterna renovação. E nós? Sabemos nos transformar e regenerar a cada dia?

Pensamento da 265ª manhã
22 de setembro

Arrumar os pensamentos

Assim como arrumamos uma gaveta ou um armário, fazer uma triagem dos pensamentos: eliminar os velhos ou ruins, que impedem os novos de desabrochar, reduzir mentalmente os que ocupam espaço demais, pôr para fora os que estão reprimidos... "Esvaziar-se mentalmente", no bom sentido. Fazer uma limpeza, mudar e observar como nos sentimos melhor.

Pensamentos
para a primavera

Conto da primavera
A grande pedra

Durante um congresso nos Estados Unidos, na célebre Universidade de Harvard, um velho professor de filosofia foi chamado para proferir uma conferência diante dos mais importantes dirigentes do planeta.

O tema era o tempo.

Como os homens e as mulheres responsáveis pelo destino do mundo eram pessoas muito ocupadas, o professor dispunha de apenas uma hora para difundir seu ensinamento. Ele se apresentou para esta ilustre plateia e saudou-a com um sorriso. Examinou os rostos lentamente, um por um, depois tomou a palavra com uma voz doce que contrastava com a aparência cansada do auditório. Seus gestos pausados e lentos eram convites à serenidade.

Ele se curvou e pegou, embaixo da mesa à qual estava sentado, um grande pote de vidro transparente, e o colocou cuidadosamente a sua frente. Depois tirou, sempre da parte de baixo da mesa, uma dúzia de seixos grandes como laranjas, e colocou-os um por um no recipiente. Quando este ficou cheio e foi impossível acrescentar uma única pedra, ergueu suavemente os olhos para a plateia e perguntou:

– O pote está cheio?

Todos responderam:

– Sim.

Ele fez uma pausa e disse:

– Mesmo?

Ele se curvou de novo e pegou embaixo da mesa um saco de cascalho, que derramou sobre os seixos. Sacudiu de leve o recipiente, e o cascalho se infiltrou por entre as pedras... até o fundo.

O professor olhou para o auditório e perguntou:

– O pote está cheio, agora?

A plateia, perplexa, hesitou em responder, quando alguém finalmente arriscou:

– Provavelmente não!

– Muito bem – consentiu o sábio.

Sempre com infinitas precauções, ele tirou de baixo da mesa um balde de areia cujo conteúdo esvaziou sobre as pedras. A areia passou pelas pedras e pelo cascalho.

Mais uma vez, ele perguntou:

– O pote está cheio?

– Não! – dispararam os espectadores.

E como todos esperavam, ele pegou uma garrafa cheia de água e virou-a até encher completamente o pote inicial.

– Agora – ele disse –, acho que o pote está cheio.

E todos consentiram.

Pensamentos para a primavera

– Que grande verdade esta experiência nos ensina? Pensando no tema da conferência, a gestão do tempo, um dos dirigentes arriscou-se a responder:

– O senhor quis nos mostrar que o tempo é compressível e que mesmo quando nossa agenda está lotada sempre é possível marcar compromissos suplementares.

O orador sorriu.

– A grande verdade que essa experiência nos ensina é que se eu não tivesse colocado as pedras grandes primeiro, eu não teria conseguido colocar todo o resto depois.

Um silêncio profundo recebeu suas palavras. Todos digeriam sua afirmação, sem no entanto conseguirem entender seu sentido.

– Quais são as grandes pedras de suas vidas? – retomou o professor. – Quais são suas prioridades absolutas? Em uma palavra, o que é essencial para vocês? A família? A saúde? Os amigos? Realizar seus sonhos? Aperfeiçoar-se? Defender uma causa? Aproveitar o momento? Ser feliz? A lição a ser tirada dessa experiência é que sempre devemos privilegiar o ESSENCIAL, para não corrermos o risco de passar ao largo de nossas vidas. Se priorizarmos as irrelevâncias (o cascalho, a areia), nossa vida não alcançará o ESSENCIAL.

A plateia ouviu em silêncio suas frases cheias de sabedoria.

Pequena filosofia da manhã

– Então – acrescentou o professor –, perguntem-se todos os dias: quais são as grandes pedras da minha vida? E deem prioridade a elas em seu pote.

Depois dessas últimas palavras, o velho professor despediu-se de todos e lentamente deixou a sala. À beira das lágrimas com essa lição de sabedoria, todos o aplaudiram.

Pensamento da 266ª manhã
23 de setembro

Degraus

Cada uma de nossas ações, cada um de nossos fracassos e cada uma das lições da vida são degraus que nos permitem progredir e avançar.

Pensamento da 267ª manhã
24 de setembro

A felicidade

A felicidade não é um ideal de vida a ser alcançado. Olhando de perto, ela é uma sucessão de pequenas alegrias. Ela pode ser uma grande inspiração e a sensação de bem-estar resultante, um momento de solidão pela manhã, a ternura por um bebê dormindo ou mesmo o prazer de saborear um grande sorvete de morango que nos faz lembrar da infância.

Pensamento da 268ª manhã
25 de setembro

Primavera

A primavera é a estação do recomeço: a natureza renasce, as plantas voltam a brotar, as flores desabrocham lentamente, os dias se tornam mais longos, tudo parece se transformar, renovar, vivificar. Aproveitar esse período para mudar e rever seus conceitos. Fazer boas resoluções para colocar sua vida em harmonia com "sua" natureza.

Pensamento da 269ª manhã
26 de setembro

Humildade

É uma grande lição de humildade constatar que em nossa ausência as pessoas não sentiram nossa falta e ficaram bem.

Pensamento da 270ª manhã
27 de setembro

O poder de escolher

Cada um de nós carrega dentro de si o poder de escolher, de decidir, de recusar, de mudar.

Pensamento da 271ª manhã
28 de setembro

Relativizar as preocupações

Quando nada acontece do jeito que queríamos, devemos olhar em volta e constatar que, se estamos com boa saúde, cercados por uma família ou amigos queridos, nem tudo está tão mal assim.

Pensamento da 272ª manhã
29 de setembro

Uma vida mais simples

A felicidade consiste em simplificar a vida. É preciso uma percepção adequada das prioridades. É uma verdadeira sabedoria saber distinguir o que é importante do que não é.

Pensamento da 273ª manhã
30 de setembro

Saber relaxar

Para encontrar a calma é preciso saber relaxar vários minutos por dia e obrigar-se a essa doce necessidade.

Pensamento da 274ª manhã
1º de outubro

Resposta

Não se preocupar com o que acontecerá amanhã. Mas questionar-se sobre qual será sua atitude diante dos imprevistos ou adversidades. Pois o importante não é o que acontece, mas como se responde aos acontecimentos.

Pensamento da 275ª manhã
2 de outubro

Desacelerar

A pressa logo ao sair da cama gera estresse e mau humor. Tomar seu tempo ao acordar é uma garantia de equilíbrio, calma e serenidade.

Pensamento da 276ª manhã
3 de outubro

Rigor com as crianças

Ensinar às crianças o rigor e a disciplina é prepará-las com antecedência aos esforços da vida. Não hesitar em recompensá-las quando elas cumprem uma tarefa. Elas assim se conscientizam de que todo trabalho realizado proporciona, cedo ou tarde, satisfação.

Pensamento da 277ª manhã
4 de outubro

Longe da desordem

Evitar viver em meio à desordem e à confusão. Um escritório desorganizado não nos inspira ao trabalho. Procuramos pastas, não deciframos as mensagens escritas com pressa em pedaços de papel... Perdemos tempo, nos irritamos, pois nos sentimos mal nesse ambiente. Sabe-se que, em nosso inconsciente, um objeto que não está no lugar provoca um estresse. Quanto mais uma sala está em desordem, mais os que nela estão tornam-se irritáveis. Devemos organizar nosso espaço vital. Arrumar os objetos é arrumar a mente. Sentimos os benefícios imediatamente.

Pensamento da 278ª manhã
5 de outubro

Espaço vazio

Tomar consciência da paz e da serenidade que emanam de um espaço vazio ou de uma casa arejada.

Pensamento da 279ª manhã
6 de outubro

Só os atos "falam"

Desconfiar dos que falam bonito e nos enchem de promessas. Prestar atenção aos atos.

Pensamento da 280ª manhã
7 de outubro

Ouvir

Quando deixamos o outro expressar-se e sabemos ouvi-lo, ganhamos um amigo.

Pensamento da 281ª manhã
8 de outubro

Luz da primavera

Assim que acordar, convidar a luz para invadir a casa. Abrir as janelas, puxar as cortinas. Respirar o ar fresco, mesmo que frio, nutrir-se dessa primeira luminosidade, símbolo de um novo dia. E sentir o bem-estar resultante.

Pensamento da 282ª manhã
9 de outubro

A sabedoria das crianças

As crianças são grandes sábios: elas sabem se maravilhar, se divertir, rir, se concentrar no momento presente, dormir quando estão cansadas. Elas são simples e não têm preconceitos. Temos muito a aprender com elas.

Pensamento da 283ª manhã
10 de outubro

Autocontrole

O autocontrole é uma arte difícil. Mas é a chave que permite abrir a porta da serenidade.

Pensamento da 284ª manhã
11 de outubro

O pior é sempre possível

Apreciar a vida no dia a dia, amar e mimar os entes queridos, ajudar os pais, compartilhar momentos de alegria e felicidade, agir e falar sem demora... Guardar num canto da mente que o pior sempre é possível e que devemos ser felizes hoje.

Pensamento da 285ª manhã
12 de outubro

O fim não é o fim

Procurar bem. Todo problema leva dentro de si a própria solução: em todo drama há uma luz de esperança; a prisão mais escura deixa passar um raio de sol; todo fracasso carrega uma vitória...

E todo fim é também um recomeço.

Pensamento da 286ª manhã
13 de outubro

Lentidão

Quando temos urgência, nossa tendência é perder de vista o essencial. Daí a necessidade de diminuir o ritmo e apreciar as virtudes da lentidão.

Pensamento da 287ª manhã
14 de outubro

Fora do mundo, às vezes

A solidão é uma tomada de consciência. É aceitar buscar a verdade dentro de si. É preciso saber proporcionar-se momentos de intimidade consigo mesmo, ainda que o isolamento seja uma experiência difícil. Os que não fazem isso fogem de si mesmos.

Pensamento da 288ª manhã
15 de outubro

Procurar a solução em si

Tomar consciência de que os problemas de nossa vida não são externos a nós, mas estão dentro de nós. É, portanto, dentro de nós mesmos que devemos buscar a solução.

Pensamento da 289ª manhã
16 de outubro

Mesmo os pequenos gestos são importantes

Lembrar que é pelas pequenas coisas que reconhecemos o valor de um homem. Assim, mesmo um ato aparentemente sem importância diz muito sobre nós mesmos.

Pensamento da 290ª manhã
17 de outubro

Controle

Aquele que sabe ficar calmo e controlar-se em todas as circunstâncias geralmente é admirado por todos os outros.

Pensamento da 291ª manhã
18 de outubro

Não faz mal

Aceitar que as coisas nunca são totalmente como gostaríamos. E pensar que não é tão grave assim.

Pensamento da 292ª manhã
19 de outubro

Uma coisa depois da outra

Cessemos de fazer várias coisas ao mesmo tempo. Nas sociedades baseadas na conquista, na velocidade e na vitória, tudo nos leva a acumular ocupações para ganhar tempo: telefonamos enquanto cozinhamos e controlamos as lições do caçula. Conversamos com um amigo vendo televisão e com uma revista na mão... Estamos ausentes das coisas que fazemos. Agimos maquinalmente sem nos impregnarmos de nossas ações ou apreciá-las. Sabemos ao menos o que acabamos de dizer ou fazer? Onde está o prazer da conversa com um amigo, se de tempos em tempos espiamos com o canto do olho para o telejornal? Reaprender a fazer uma coisa depois da outra permite envolver-se melhor com elas e apreciar seu alcance. Recuperamos, assim, uma certa qualidade de vida e o prazer de nos envolvermos com o que fazemos.

Pensamento da 293ª manhã
20 de outubro

Estratégia

Às vezes, pode ser estrategicamente vantajoso dar um passo para trás ou perder uma ou duas partidas para mais tarde retomar as rédeas da situação.

Pensamento da 294ª manhã
21 de outubro

Impulsos

Aprender a controlar seus impulsos e excessos é o começo da sabedoria.

Pensamento da 295ª manhã
22 de outubro

Chamar para si

Nunca deixar os outros agirem em nosso lugar ou decidirem o que é bom para nós. Ninguém pode viver nossa vida em nosso lugar.

Pensamento da 296ª manhã
23 de outubro

Controlar-se

Controlar seus impulsos, não reagir sob influência das emoções, dominar suas raivas... Cada vitória sobre si mesmo é muito mais importante do que um sucesso profissional ou qualquer conquista pessoal.

Pensamento da 297ª manhã
24 de outubro

O jugo dos objetos

Evitar viver sob o jugo dos objetos. Obrigar-se a se livrar dos suvenires ou dos bibelôs, inclusive os que são guardados por motivos sentimentais. E constatar que nos sentimos mais leves e mais livres.

Pensamento da 298ª manhã
25 de outubro

Sem rancor

A partir de hoje, afastar de nós todo rancor e todo desejo de vingança. Encher a mente de pensamentos negativos prejudica a nós mesmos. Eles alteram o julgamento, esgotam a energia vital e fazem perder de vista o essencial. E o que é o essencial? A busca da felicidade sob qualquer circunstância.

Pensamento da 299ª manhã
26 de outubro

Ações

Lembrar que as ações falam mais do que as palavras.

Pensamento da 300ª manhã
27 de outubro

Um gesto para o outro

Somos ricos daquilo que damos. Assim, convém dar todos os dias, mesmo que apenas um olhar ao outro. Mas também ouvidos e tempo...

Pensamento da 301ª manhã
28 de outubro

Doar-se mais...

É preciso saber doar-se sem arrependimento, sem nada esperar em troca: atenção, um presente, um telefonema, amor... Quando damos sinceramente e sem segundas intenções, sem outra preocupação senão a de agradar, sentimos uma grande plenitude.

Pensamentos para a primavera

Pensamento da 302ª manhã
29 de outubro

Com os outros

Se não nos esforçarmos para tratar bem a família e os amigos, não trataremos bem a ninguém.

Pensamento da 303ª manhã
30 de outubro

Espelhos

Geralmente somos os principais responsáveis pela atitude que os outros adotam em relação a nós. Se mudarmos, eles também mudarão. As relações humanas funcionam como espelhos.

Pensamento da 304ª manhã
31 de outubro

Indulgência

Ser tão indulgente com os outros quanto o somos com nós mesmos.

Pensamento da 305ª manhã
1º de novembro

***Pouco,* mas bem**

Parar de querer fazer tudo e conseguir tudo. Melhor fazer menos coisas, mas fazê-las bem.

Pensamento da 306ª manhã
2 de novembro

Moderar as expectativas

É preciso moderar as expectativas. Quanto mais esperamos, mais nos expomos à frustração e à decepção.

Pensamento da 307ª manhã
3 de novembro

Compartilhar o que temos no coração

Não guardar o peso de uma tristeza para si. Compartilhá-la, para aliviar seu sofrimento, com uma pessoa atenta e bondosa.

Pensamento da 308ª manhã
4 de novembro

Ajuda

Ter humildade e coragem para pedir ajuda aos que sabem ouvir.

Pensamento da 309ª manhã
5 de novembro

Ouvir os amigos

Ouvir os conselhos e as opiniões dos amigos. O olhar deles sobre nós em geral é mais justo do que pensamos.

Pensamento da 310ª manhã
6 de novembro

Julgamentos

Quando uma pessoa expressa um julgamento a nosso respeito que nos parece injusto ou errôneo, ela pode estar enganada. Quando duas pessoas expressam o mesmo julgamento, talvez nós é que estejamos enganados.

Pensamento da 311ª manhã
7 de novembro

Longe dos detalhes

A qualidade de vida depende de nossa capacidade de aprender a desapegar, de não focar nos detalhes. A distância é mãe da serenidade.

Pensamento da 312ª manhã
8 de novembro

Sorriso

Os chineses têm o costume de dizer que sorrir três vezes por dia torna desnecessário qualquer medicamento. Por que não tentar?

Pensamento da 313ª manhã
9 de novembro

Controlar os nervos ao dirigir

O carro, curiosamente, é um dos lugares em que o ser humano mais tende a dar vazão a seus instintos mais primários. O homem mais civilizado pode se transformar num monstro quando ao volante. Excesso de velocidade, palavrões, zigue-zagues entre as pistas, insultos, buzinadas intempestivas... Ele se torna um agressor e, por isso, é agredido. Observa a questão de honra que alguns adotam por causa de um carro que acaba de ultrapassá-los! Nosso comportamento ao volante diz muito sobre nós mesmos. Em vez de perseguir o carro que nos cortou bruscamente, dar passagem de bom grado. Deixar o pedestre atravessar, mesmo fora da faixa. Nunca estivemos em seu lugar? Se reaprendêssemos ao volante os gestos elementares de cortesia, todos seriam mais tranquilos. Quem pode dizer que é perfeito em todas as circunstâncias para poder amaldiçoar o menor erro dos outros?

Pensamentos para a primavera

Pensamento da 314ª manhã
10 de novembro

Ninharia

Ao volante, lembrar que muitas vezes uma ninharia provoca os acidentes mais dramáticos.

Pensamento da 315ª manhã
11 de novembro

Evitar a vergonha

Agir de maneira a nunca ter vergonha do que fazemos.

Pensamento da 316ª manhã
12 de novembro

Encontrar os vizinhos

Aproveitar os dias bonitos para colocar um pequeno cartaz no saguão do prédio em que se mora e convidar os vizinhos para um aperitivo, sem outro motivo senão o prazer de conhecê-los. Criar um ambiente de amizade e bondade a seu redor.

Pensamento da 317ª manhã
13 de novembro

Prestar ajuda

Quando ajudamos alguém, nutrimos a nós mesmos com uma força positiva. E ficamos com vontade de recomeçar.

Pensamento da 318ª manhã
14 de novembro

Indulgência

Cessemos de exigir sempre mais de nossos amigos. Devemos aceitá-los e ser indulgentes com eles.

Pensamento da 319ª manhã
15 de novembro

Respeito

O verdadeiro amor não existe sem respeito pelo outro. Precisamos ter orgulho daquele ou daquela que amamos.

Pensamento da 320ª manhã
16 de novembro

Estender a mão

Num conflito, ser o primeiro a estender a mão e contribuir para sua resolução.

Pensamento da 321ª manhã
17 de novembro

E se parássemos?

Fazer as pazes após uma discussão. Aceitar baixar a guarda, não procurar saber quem está certo ou errado, parar de rebater as críticas... Saber dizer: "vamos parar com isso?" e sorrir. Essa é a melhor maneira de desarmar o outro.

Pensamento da 322ª manhã
18 de novembro

Resposta

Muitas vezes, os acontecimentos externos são uma resposta a nosso estado de espírito.

Pensamento da 323ª manhã
19 de novembro

Trocar

Todos os dias, outros nos estendem a mão e nos oferecem oportunidades que não vemos. Estamos cercados de pessoas por quem passamos reto por falta de curiosidade ou indiferença. No entanto todos têm desejos, talentos ou sonhos a compartilhar. Precisamos aprender a conhecê-los, a trocar, a nos interessar por eles. Toda pessoa tem algo a nos oferecer, a nos ensinar. De tudo isso podem nascer projetos, oportunidades e novas chances.

Pensamento da 324ª manhã
20 de novembro

Cuidar do corpo

É preciso cuidar do corpo e exercitá-lo. Ele é um instrumento essencial da vida. O "estado" do corpo diz muito sobre o "estado" da mente.

Pensamento da 325ª manhã
21 de novembro

A importância do físico

É importante sentir-se bem fisicamente para se sentir bem consigo mesmo.

Pensamento da 326ª manhã
22 de novembro

Fortalecer seu caráter

As dificuldades fazem parte da vida. Superando-as, adquirimos confiança em nós mesmos e fortalecemos nosso caráter. Fugindo delas, nos fragilizamos e enfraquecemos.

Pensamento da 327ª manhã
23 de novembro

Da alegria

Conviver com pessoas positivas e entusiasmadas. Fugir dos estraga-prazeres.

Não se deixar vencer pela morosidade.

Cercar-se de pessoas alegres, que saibam ser leves de vez em quando.

Distanciar-se, praticar o humor, saber sorrir.

Construir uma vida cercada de alegria e bom humor.

Pensamento da 328ª manhã
24 de novembro

Saciar-se para ficar bem

Um homem saciado é um homem satisfeito. Assim, não hesitar em propor à pessoa que se irrita um almoço em comum, um tira-gosto ou um pedaço de chocolate, excelente antiestresse.

Pensamento da 329ª manhã
25 de novembro

Cantar

Quando estamos tensos e estressados, cantar é excelente para descontrair. Entre outras virtudes, o canto produz bom humor.

Pensamentos para a primavera

Pensamento da 330ª manhã
26 de novembro

Erro

Cometer um erro não é grave. Grave é não corrigi-lo.

Pensamento da 331ª manhã
27 de novembro

Baixar o tom de voz

Quando falamos mais baixo levamos todos a nosso redor a também baixar o tom de voz. A conversa se torna mais harmoniosa. Não fica melhor assim?

Pensamento da 332ª manhã
28 de novembro

Reconhecer um amigo

Não buscar a amizade dos que não nos merecem. Um "amigo" que não ouve, não compartilha, não dá ou não está presente em caso de necessidade não é digno de ser um amigo.

Pensamento da 333ª manhã
29 de novembro

Sou um "bom" amigo?

E nós, somos dignos da confiança e da amizade que recebemos? Sabemos estar presentes quando somos chamados? Perguntar-se hoje: "O que tenho feito por meus amigos?".

Pensamento da 334ª manhã
30 de novembro

A palavra está no coração

Na dúvida, melhor deixar o coração falar do que tentar ocultar seus sentimentos e suas verdadeiras intenções.

Pensamento da 335ª manhã
1º de dezembro

As virtudes do esporte

Os que não exercitam seus corpos ou sua condição física prejudicam a si mesmos. O exercício físico é um poderoso calmante. Depois de alguns minutos de esporte, nos sentimos relaxados e esvaziados de nosso estresse. Isso faz com que nos sintamos melhor e com que possamos começar o dia em plena forma.

Pensamentos para a primavera

Pensamento da 336ª manhã
2 de dezembro

Isolamento

A cobiça, a falta de generosidade e a avareza isolam. Se quisermos viver cercados de amizade e amor, precisamos aprender a dar sem calcular.

Pensamento da 337ª manhã
3 de dezembro

Sacrifícios

Sacrificando o que queremos fundamentalmente pelo que queremos imediatamente, nos expomos a grandes remorsos por pequenas satisfações.

Pensamento da 338ª manhã
4 de dezembro

Promessa de verão

Reaquecer-se, renovar-se, regenerar-se com os primeiros raios de sol. Sentir um suave calor invadir o corpo e alegrar-se com essa promessa de verão.

Pensamento da 339ª manhã
5 de dezembro

Esforço

Um esforço, mesmo que não produza os frutos esperados, nunca é em vão.

Pensamento da 340ª manhã
6 de dezembro

Esquecer as frustrações

Todos estão sujeitos a frustrações e decepções. Paradoxalmente, muitas vezes são os pequenos desapontamentos que provocam as maiores amarguras. Nós os remoemos, amaldiçoamos as circunstâncias ou as pessoas envolvidas, sem perceber que esse comportamento altera nossa capacidade de recomeçar e avistar novas oportunidades. A frustração alimenta a frustração, ao passo que um espírito positivo carrega em si a capacidade de regenerar-se.

Pensamento da 341ª manhã
7 de dezembro

Positivo

Observar que as pessoas que se dão bem na vida em geral são positivas, ativas, autênticas e dotadas de um grande potencial regenerador. Basear seu comportamento no comportamento delas.

Pensamento da 342ª manhã
8 de dezembro

Apreciar o que temos

Esta é uma das grandes lições da vida. Quando sabemos apreciar o que temos, sempre acabamos ganhando mais.

Pensamento da 343ª manhã
9 de dezembro

Esvaziar a mente

Jardinagem e trabalhos manuais são excelentes antiestresse. Atividades que exigem concentração, zelo e paciência podem levar aos caminhos da sabedoria.

Pensamento da 344ª manhã
10 de dezembro

Desolação

Os jornais e a televisão mostram todos os dias fotografias ou imagens de grandes acidentes de trânsito. Cenas assustadoras de vidas perdidas para sempre. Avaliemos o horror e o infortúnio da velocidade, da imprudência e da estupidez. Queremos mesmo fazer parte disso?

Pensamento da 345ª manhã
11 de dezembro

Telefonema

Ser capaz de não atender o telefone por um dia inteiro e perceber que a maioria das "urgências" pode esperar e que os que tinham "imperiosa necessidade de falar conosco conseguiram passar sem nós. Quantas pessoas ligam para não dizer nada. Aprender a não ser mais o escravo dos sobressaltos do cotidiano e recuperar a calma e a serenidade.

Um "jejum mental" a ser feito de tempos em tempos. Por que não hoje?

Pensamento da 346ª manhã
12 de dezembro

Lembrar dos bons momentos

Quando um pensamento negativo invade nossa mente, substituí-lo imediatamente por um pensamento positivo. Assim, em vez de remoer uma briga com o companheiro (o que foi dito e respondido...) e irritar-se ainda mais, dispensá-la com um gesto e lembrar de um jantar agradável alguns dias antes, a risada da véspera ou algum outro momento compartilhado... Essa autossugestão positiva expulsará a anterior, colocando-a no devido lugar: um incidente de percurso sem importância. Sentir a tranquilidade que tiramos disso. Evitamos estragar nosso dia cedo pela manhã.

Pensamento da 347ª manhã
13 de dezembro

Realização

Quando fazemos o que tínhamos que fazer na véspera, acordamos mais dispostos, mais relaxados, e o dia começa melhor.

Pensamento da 348ª manhã
14 de dezembro

"Estou bem, sou feliz"

Dizer em voz alta: "Estou bem, sou feliz".
Repetir.
De novo.
E mais uma vez...
Muitas pessoas não têm essa felicidade.

Pensamento da 349ª manhã
15 de dezembro

A perfeição não é deste mundo

Nada nem ninguém é perfeito. Nem mesmo nós. E se aceitássemos isso de uma vez por todas?

Pensamento da 350ª manhã
16 de dezembro

Em paz consigo mesmo

Para ficar tranquilo e ter esperança de ser feliz, é preciso aceitar e aceitar-se. Fazer as pazes com os outros e consigo mesmo. E entrever um início de felicidade.

Pensamento da 351ª manhã
17 de dezembro

Solidão

Isolar-se para pensar na vida, conseguir olhar para as coisas com distanciamento, refletir sobre seus atos, decidir o que se quer fazer ou aonde se quer chegar amanhã, no ano que vem.

Pensamento da 352ª manhã
18 de dezembro

Vela

Melhor acender uma única e minúscula vela do que maldizer a escuridão, diz uma conhecida máxima chinesa.

Pensamento da 353ª manhã
19 de dezembro

Homem de bem

Nossas sociedades modernas tendem a esquecer certos valores, como o de ser um homem (ou uma mulher) de bem. Hoje, essas palavras parecem não dizer nada. No entanto, um homem de bem é aquele que sabe ser simples, generoso, e que sabe ouvir aqueles que ama, firme em suas convicções. Fazer-se a seguinte pergunta: sou uma pessoa de bem?

Pensamento da 354ª manhã
20 de dezembro

Vencer o medo

O medo esclerosa, paralisa e acaba com as maiores audácias. Aqueles que venceram na vida começaram combatendo o medo. Ou simplesmente o ignoraram.

Pensamento da 355ª manhã
21 de dezembro

A consciência da felicidade

Se as pessoas a nosso redor riem, trocam, se divertem e parecem relaxadas, manter-se em silêncio por um instante e tomar consciência da felicidade.

Pensamentos
para o verão

Conto para um belo verão
O camponês e o sábio

No século passado, numa aldeia dos confins da Ásia, vivia um velho sábio. Os moradores tinham o costume de consultá-lo para contar-lhe seus problemas e ouvir seus conselhos sensatos. Era um homem amado e respeitado por todos.

Certo dia, um camponês da aldeia foi visitá-lo, desesperado. O único boi que tinha para ajudá-lo a arar a terra havia morrido durante a noite. Inconsolável, ele se lamentava daquela que lhe parecia a pior das catástrofes.

– Talvez sim... Talvez não... – contentou-se em dizer o sábio com voz doce.

Sem saber o que pensar da resposta, o camponês foi embora, perplexo. Alguns dias depois, voltou, louco de alegria. Tinha capturado um jovem potro selvagem e o utilizava para substituir o boi e puxar a carroça. O garanhão enérgico facilitava o trabalho, pois era muito forte.

Pequena filosofia da manhã

O camponês disse ao sábio:

— Você tinha razão. A morte de meu boi não era a pior das catástrofes. Este cavalo é uma bênção.

— Talvez sim... Talvez não... — respondeu o velho, com doçura e compaixão.

O camponês foi embora, pensando que, definitivamente, o velho sábio era um homem curioso, pois não fora capaz de se alegrar com sua boa sorte.

Alguns dias depois, porém, o filho do camponês quebrou a perna ao cair do cavalo e precisou ficar de cama por vários dias.

O homem voltou a procurar o sábio para chorar a nova calamidade. Seu filho não poderia ajudá-lo na colheita, e ele temia que a família morresse de fome.

— Que desgraça! — ele não parava de repetir.

— Talvez sim... Talvez não... — opinou tranquilamente o sábio.

— Definitivamente, você só sabe dizer isso — irritou-se o camponês. — Se este é todo o reconforto que sabe dar, não voltarei mais aqui!

E saiu, fulo de raiva.

Foi então que uma terrível notícia se espalhou pela região. A guerra acabara de ser declarada. Tropas passavam para alistar os jovens saudáveis. Todos os jovens da aldeia foram obrigados a partir para uma provável morte em combate. Todos, menos o filho do camponês, ainda ferido.

O camponês voltou mais uma vez à casa do sábio.

– Perdoe-me – implorou. – Passei meu tempo a lamentar o que me acontecia e a imaginar as piores catástrofes, mas nenhuma delas aconteceu. Em vez de manter a calma, entrei em pânico e o amaldiçoei. Sei, hoje, que é inútil imaginar o futuro, pois nunca sabemos o que ele nos reserva. É preciso manter a esperança, pois há sempre desgraças piores que a nossa. Enfim... Talvez sim... Ou talvez não.

E o sábio sorriu, cheio de bondade e indulgência.

Pensamento da 356ª manhã
22 de dezembro

Verão

O verão é a estação do sol, dos dias mais longos, do prazer de viver, do amor. Tudo é uma festa. É proibido ficar triste hoje.

Pensamento da 357ª manhã
23 de dezembro

Plenitude

No verão, a natureza fica bonita, luxuriante, colorida, chega ao apogeu. Os frutos e as flores, banhados de sol, desabrocham. É o período de amadurecimento e exuberância. O verão da nossa vida também deve ser um momento de plenitude e realização.

Pensamento da 358ª manhã
24 de dezembro

Grande senhor

Aproveitar este dia de festa para realizar um ato de generosidade extravagante que nos deixe orgulhosos.

Pensamento da 359ª manhã
25 de dezembro

Partilha

Hoje, o importante não são os presentes oferecidos ou recebidos, nem a refeição que vamos fazer, mas o tempo e o amor compartilhados com os mais chegados.

Pensamento da 360ª manhã
26 de dezembro

Leve, leve...

Imaginar-se calmo, leve, despreocupado, como um pássaro planando no céu de verão.

Pensamento da 361ª manhã
27 de dezembro

Adaptação

Às vezes, é preciso mudar de atitude, de método ou de comportamento. Ou mesmo aceitar rever os princípios que até então regiam nossa vida. Isso não quer dizer que eram ruins, mas simplesmente que não respondem mais a nossas necessidades. Isso se chama adaptação. Questionamentos como esses são dolorosos, mas aqueles que os aceitam saem fortalecidos, pois superaram a si mesmos.

Pensamento da 362ª manhã
28 de dezembro

Méritos...

Escolher para si o melhor, o mais bonito, o mais valoroso, o mais gratificante... porque merecemos, só isso.

Pensamento da 363ª manhã
29 de dezembro

Renascimento

Cada manhã é um renascimento. O que fazer do novo dia, essa é a coisa mais importante.

Pensamentos para o verão

Pensamento da 364ª manhã
30 de dezembro

O que doamos?

O fim do ano é o momento de fazer balanços. O que realizamos? O que resta a ser feito? Mas, acima de tudo, o que recebemos e o que doamos?

Pensamento da 365ª manhã
31 de dezembro

O melhor está por vir

Neste último dia do ano, firmar dentro de si a certeza de que o melhor está por vir...

Impressão e acabamento
Imprensa da Fé